DOROTHEE ACHENBACH
Ich liebte Sträfling Nº 1

DOROTHEE
ACHENBACH

Ich liebte
Sträfling No 1

DROSTE VERLAG

INHALT

Nacht 2014 – 2016   11

JUNI 2014 – JUNI 2015

Lustige Witwen, stürzende Adler und
  griechische Philosophen   17
Sträfling N° 1   26

SOMMER 2015

Viva Italia!   31
Mäuse-Autos und persische Köstlichkeiten   34
Aqua Alta – Herbst, 24 Jahre zuvor (1991)   41
Zerronnenes Glück   47
Charme, Chance und Carabinieri   49
Hunde sind auch nur Menschen   54

HERBST 2015

Vor Gericht und auf hoher See …   61
Meine Wäsche kennt jetzt jeder   64
Kollateralschaden: Mitgegangen, mitgefangen,
  mitgehangen   69
Das Hobby der Erben   71
Fremdgeh-Experte   77
Der Anfang vom Ende – Juni, zweieinhalb
  Jahre zuvor (2013)   82
Feigheit vor dem Freund   86
Damokles-Schwert   88

WINTER 2015/16

Last Christmas	95
Big Apple – Mai, 23 Jahre zuvor (1992)	97
Das Damokles-Schwert fällt	104
Abschied	109
Die Saat ist gelegt – Juni, zweieinhalb	
Jahre zuvor (2013)	113
Die blanken Füße des heiligen Herrn Jesus	116
Damals in der Höhle	119
Fliegende Fernseher und Leichen im Pool –	
Sommer, fast 24 Jahre zuvor (1992)	121
Leonardo, der Airbus und ich	127
Die Saat geht auf – Juli, zweieinhalb	
Jahre zuvor (2013)	129
Tanz auf dem Vulkan – Juli, zweieinhalb	
Jahre zuvor (2013)	132
Monsterbaum – August, zweieinhalb	
Jahre zuvor (2013)	136
Weiberfastnacht	140

FRÜHLING 2016

Das Leben steckt voller Überraschungen	149
Botanische Besonderheiten	153
Der Mann mit den zwei Gesichtern	155
Sechs Hochzeiten und fast ein Todesfall –	
Sommer, 19 Jahre zuvor (1996)	161
Frühlingsgefühle	168
Nagende Fragen	171
Herr »Wo« ist ausgezogen	176
Serenissima	179
Familienbande	183

SOMMER 2016

Göttergatte	191
Sommer, Sonne, Mega-Glück	194
Insel der Hähne	199
Yoga oder wenn der CEO das Bein	
hinters Ohr klemmt	202

HERBST 2016

Stehaufmännchen	207
Die Würfel fallen	210
Absurdes Theater	213
Wundersame Gene	218
Schickse in Hausschuhen –	
Frühling, fünf Jahre zuvor (2011)	220
Ich liebte ihn und ich mochte ihn nicht	225

»Forgive your enemies.
But never forget their names.«
(John F. Kennedy)

»The pen is mightier than the sword.«
(Edward Bulwer-Lytton)

NACHT
2014 – 2016

Am schlimmsten sind die Nächte. Dann kriecht die Angst leise von allen Seiten auf mich zu. Sie umkrallt mit gierigen Fingern mein Herz, bildet einen dicken Knoten in meinem Bauch. Wenn ich mich dann unruhig hin und her werfe, mein Herz rast und mein Hirn nicht zur Ruhe kommt, steigt sie triumphierend auf den Trümmerhaufen, der einmal mein Leben war, und grinst mich breit aus einem dümmlichen, verlebten Gesicht an. Wenn ich dann irgendwann wieder in einen unruhigen Schlaf falle, träume ich häufig Dinge, die einem surrealistischen Film von Luis Buñuel oder Salvador Dalí alle Ehre gemacht hätten.

Gemälde fliegen in den Himmel, ihre Farben lösen sich auf. Sie fließen in dicken Tränen herab und platschen vor meine bloßen Füße, bis ein klebriger, zähflüssiger See entsteht. Ein kleiner, spitznasiger Mann mit Brille und viel zu großem Anzug steht am anderen Ufer des Farbsees und stopft sich lachend Geldscheine in den Mund. Hinter ihm liegen überdimensionierte, zerfledderte Bücher mit kostbaren Buchmalereien.

In einem riesigen Garten mit perfekt getrimmtem Rasen türmen sich bunte Oldtimer aufeinander, sie sind mit einer dicken, gepunkteten Schleife als Geschenk verpackt. Eine beschwipst wirkende Frau mit dickem Bauch und dicken Ketten um den Hals wirft lachend einen kleinen Hund in die Höhe, der pieseln muss. Entsetzt weichen herumstehende Menschen dem Tier aus. Die Frau lacht weiter und setzt sich einem Klavierspieler auf den Schoß, der auf einem Piano herumhämmert, aus dem keine Töne kommen.

Manchmal träume ich von meinen Mann. Er kommt wieder nach Hause, bleibt im Flur an der Eingangstür stehen, sagt kein Wort, dreht sich um und geht wieder.

Mein Mann und ich sitzen in einem kleinen Boot. Da ist noch ein anderer Mann, doch ich kann sein Gesicht nicht sehen. Wir schaukeln nahe am Ufer, das Wasser ist türkis. Dann kommen Wellen auf, immer mehr und mehr, ein aufziehendes Unwetter und große Schiffe verursachen sie. Ich bekomme Angst, das kleine Boot droht zu kentern. Von der Seite naht ein gigantischer, schwarzer Schiffsrumpf, und ich weiß: Nun sind wir verloren. Da telefoniert der fremde Mann auf seinem Mobiltelefon, und der Spuk ist vorbei.

Eine Frau mit aufgebauschtem Haar steht vor einer trüben Scheibe, sie dreht sich immer wieder um sich selbst, sie lacht und lacht. Dann ist die Scheibe klar, und im Spiegelbild erscheint eine Frau. Doch sie sieht ganz anders aus, größer, schlanker, jünger, sie lacht nicht und hält ein Buch in den Händen. Die lachende Frau hebt die Hand und schlägt den Spiegel mit einem Gegenstand in Stücke. Doch er setzt sich wieder zusammen, das Bild erscheint erneut. Die lachende Frau hält eine riesige, zerbrochene Weinflasche in der Hand.

Ich bin in einem kleinem Holzhaus und weiß, dass es brennt. Doch das Feuer ist hinter und zwischen den Wandschichten, ich kann es nicht wirklich sehen, sondern nur prasseln hören. Doch ich sehe, wie die Wände sich in der Glut zu wölben scheinen, wie es durch die Ritzen feuerrot wie glühende Lava blitzt. Ich möchte es löschen, doch ich komme nicht dran, es kokelt weiter versteckt hinter der Wand. Immer wieder schluchze ich stumm und verzweifelt gegen diese Wand, aber es bleibt unerreichbar. Ich kann es nicht löschen.

Jemand steht an einem Fluss, es ist stürmisch, das trübe Wasser steigt und steigt. Der Jemand bin ich. Meine Kinder verharren vollkommen reglos auf der gegenüberliegenden Seite. Ich rufe, sie sollen weglaufen und sich in Sicherheit bringen, aber ich bekomme keinen Ton heraus. Dann bringt der reißende Fluss Baumstämme und Geäst mit, es stapelt sich meterhoch zwischen uns auf. Ich kann sie nicht mehr sehen. Plötzlich versiegt der Strom, und alles, was er mitriss, verschwindet. Nichts ist mehr da. Kein Baum, kein Busch, kein Grashalm, nichts. Auch die Kinder nicht mehr. Ich stehe vollkommen allein in einer Wüstenei.

Wenn ich nach solchen Träumen schweißgebadet aufwache, liegt das garantiert nicht an den Wechseljahren. Meist sind sie nach dem Aufwachen schon vergraben im Unterbewusstsein und nur noch eine ferne, undeutliche Ahnung von etwas; lediglich schnell verschwimmende Bilderfetzen flackern nach. Doch manchmal gelingt es mir, die Bilder und Gefühle wieder einzufangen, bevor sie im Nebel verschwinden. Dann stehen sie klar und deutlich vor mir, und ich schreibe sie auf. Im Laufe des Tages wären sie sonst ausgelöscht.

Doch die Erinnerungen an das, was in den letzten Monaten geschah, kann ich nicht auslöschen.

JUNI 2014 – JUNI 2015

Lustige Witwen, stürzende Adler und griechische Philosophen

Unser Drama begann in den frühen Morgenstunden im Sommer des Jahres zuvor. Es war ein Kriminalfall aus der glamourösen Welt der Kunst und der Superreichen, den sich kein Medienmacher besser hätte ausdenken können: Ein als »Kunstpapst« bezeichneter Impresario entpuppt sich als verbrecherischer Millionenbetrüger und wird unter großer Anteilnahme der Medien vor Gericht gestellt. Der »Fall« von ganz oben nach ganz unten füllt regelmäßig die Gazetten. Wegen Betrugs angezeigt haben ihn die erwachsenen Kinder und Erben eines verstorbenen, milliardenschweren Kunden. Nicht, wie es in den Medien heißt, dessen Witwe, die dem mutmaßlichen Betrüger einst freundschaftlich verbunden war. Denn diese sollte später als Hauptbelastungszeugin gegen ihn aussagen. Vielleicht wäre es deswegen unschön gewesen, hätte sie ihn selbst angezeigt.

Der Verstorbene stammt aus einer Familie, deren Gründerväter das Vermögen eine Generation vorher mit einer sehr bekannten Discounterkette verdient hatten. Diese Familie ist äußerst zurückhaltend, verschwiegen und stellt keinen Luxus zur Schau. Die den Haftbefehl mit ihrem Anwalt initiierende Schwiegertochter bzw. Schwägerin schaltet nun jedoch einen 1600-Watt-Scheinwerfer an. Der Lichtstrahl fällt auf alle. Sie genießt die Aufmerksamkeit, wie Pressefotos belegen, zumeist mit strahlendem Lächeln.

Die beiden Protagonisten dieses Falles – eine Zeitung bezeichnet sie als »Die Witwe und der Wirbelwind« – sind verquickt in einem Gemisch aus Freundschaft und Eifersucht, Betrug und Gier, verletzten Gefühlen, Lügen und Minderwertigkeitskomplexen. Ein Mix, aus dem Tragödien entstehen. Das Gemisch ist so uralt wie die Welt – und es wird mitnichten Gewinner zurücklassen. Außer denen, die am Streit gut verdienen. Das sind zum Beispiel die Anwälte. Jedenfalls einige davon.

Der kriminelle Wirbelwind ist mein Mann Bernhard, ein erfolgreicher und international bekannter Kunstberater. Nach einem Besuch in den USA wurde er an diesem fatalen Sommermorgen noch an der Flugzeugtür verhaftet und von mehreren Beamten abgeführt. Leider in meinem Beisein. Wir wurden zum Polizeipräsidium in eine nur wenige Kilometer entfernte Stadt gefahren, was jedoch mehrere Stunden dauerte, da in der Nacht ein Orkan getobt und sämtliche Straßen in einen Hindernisparcours aus entwurzelten Bäumen, zerfledderten Ästen, herumliegenden Straßenschildern und umgekippten Mülltonnen verwandelt hatte. So ähnlich sah dann auch sehr bald unser Leben aus. Telefonieren durften wir auf der Fahrt im Polizeiwagen nicht, denn parallel fand in den Firmenräumen meines Mannes und in unserem Wohnhaus eine Hausdurchsuchung statt, deren Zeugen meine Eltern, unsere beiden schulpflichtigen Kinder sowie der ebenfalls noch minderjährige Hund wurden. Noch heute erzählt meine Tochter davon, wie es sich anfühlt, wenn morgens die Oma mit einer fremden Frau vor dem Bett steht und einen mit den ungewöhnlichen Worten weckt: »Lili, steh schnell auf, da ist die Polizei.« Sie war damals 15.

Im Polizeipräsidium wurde meine amtierende Ehehälfte zum Verhör geführt. Was wir beide nicht ahnten: Ich sah, sprach und hörte ihn für lange Wochen zum letzten Mal. Es gab keinerlei Kontakt mehr zu ihm. Er wurde nämlich umgehend ins Gefängnis gesteckt. Da sitzt er auch heute noch.

Was meine damalige, wunderbare Hilfe Susanne mit den lakonischen Worten kommentierte: »Jetzt wissen Sie wenigstens immer, wo er ist.« Auch wieder wahr.

Im Haftbefehl wurde ein Gesamtschaden von auf den allerletzten Cent genau ausgerechneten 60.368.719,73 Euro diagnostiziert (fragen Sie mich jetzt nicht, wie wer da was ausgerechnet hat). Das stellte sich zwar als deutlich übertrieben heraus, überzeugte aber die Staatsanwaltschaft. Der an einer langjährigen, von seinem Bruder dezent als »Leberleiden« umschriebenen Erkrankung in einem Schweizer Kurort verstorbene Ehemann hatte bei Bernhard Kunst und Oldtimer für 120 Millionen Euro gekauft – Wagen und Werke, die erfreulicherweise inzwischen mindestens 80 Millionen mehr wert sind. Bernhard hat das nicht ganz unbedeutende Vermögen also um einiges vermehrt. Und er hat dem Ehepaar den Zugang zu elitären Kreisen der Welt der Kunst und Oldtimer ermöglicht und dem oft schwermütigen Verstorbenen glückliche, unbeschwerte Tage geschenkt. Aber er hat seinen Kunden zweifelsfrei auch hintergangen. Was schwerer wiegt: Er war sein Freund.

Bernhards Kunstfirmen und seine drei Restaurants gingen nach der von den Klägern bzw. der Staatsanwaltschaft veranlassten Sperrung und Pfändung sämtlicher Konten und Mittel innerhalb weniger Wochen pleite. Das ist logisch, wenn man keine Geschäfte mehr tätigen und keine Rechnungen mehr bezahlen kann, keine Mieten, keine Pacht und keine Löhne. Dutzende Menschen verloren ihren Arbeitsplatz und mussten oder müssen dem Staat auf der Tasche liegen.

Auch mich und damit die Kinder verschonten die Witwe und ihr Nachwuchs nicht: Sie schickten unangekündigt zwei Gerichtsvollzieher, dazu einen jungen Anwalt und mehrere Möbelpacker, als die beiden Kinder Max und Lili allein zu Hause waren. Sie wurden ohne jeden Respekt behandelt – man kann sich nur fremdschämen für solch ein Vorgehen. Mit Blick auf unseren jungen Hund meinte der eifrig hinter den Vollziehern hertrabende junge Anwalt sogar, dass man auch Tiere beschlagnahmen könne. Alle Anwesenden verstummten daraufhin, meine Kinder waren entsetzt.

Im Zivilverfahren wurde Bernhard fünf Monate nach seiner Inhaftierung in einer einzigen Verhandlung ohne Zeugenanhörung vom Richter zu einer Schadensersatzleistung von knapp 20 Millionen Euro an die Erben verdonnert. Dagegen legte sein Anwalt Berufung ein.

Schließlich wurde der Firmenbestand an Kunstwerken in einer Reihe von Massenauktionen unter großer Anteilnahme der Öffentlichkeit mit für mich teils schwer nachvollziehbaren Schätzungen versteigert.

Der Strafprozess gegen Bernhard begann im Winter sechs Monate nach der Verhaftung, er dauerte vier Monate. Dann wurde er dem Antrag der Staatsanwaltschaft folgend zu sechs Jahren Gefängnis verurteilt. Ihm und den Zeugen, die zu seinen Gunsten ausgesagt hatten, glaubte das Gericht in weiten Teilen offenbar nicht. Der Witwe schon. Ihr von ihrem lächelnden Anwalt in Tuchfühlung begleiteter Auftritt vor Gericht war nach Meinung der anwesenden Medienvertreter jedoch unterhaltsam, teilweise sogar lustig.

Nach dem Urteil ließ sie in der Presse verkünden, sie »empfände Genugtuung«. Laut Wikipedia ist dies ein Gefühl vollständiger Zufriedenheit. Doch es scheint, dass sie den Zustand dieser Zufriedenheit noch nicht erreicht hat. Obwohl wir nahezu alles verloren haben, die Firmen zerstört und die Kinder traumatisiert sind, geht es weiter mit den Forderungen. Obwohl weder ich noch sonst jemand in meiner Familie mit den kriminellen Umtrieben meines Mannes etwas zu tun hat, sollen es zusätzlich zu den fast 20 Millionen noch einmal fünf Millionen von meinem einsitzenden Mann sein, und eine knappe weitere Million fordert sie in einer weiteren Klage von uns beiden. Warum die Witwe angesichts ihrer »Genugtuung«, des ererbten Reichtums und dazu noch Auszahlungen von 100 Millionen Euro an sie und die Kinder[1] nicht irgendwann mal aufhört oder dem Anwalt sagt: »Jetzt lass mal gut sein«, mag sich jeder selbst ausmalen. Andererseits sind Klagen sehr solventer Kunden ein Glücksfall für Rechtsvertreter.

Der Anwalt erhielt von den Erben jedenfalls eine Generalvollmacht, und seine Honorare dürften ihm und seiner Kanzlei ein steter Quell der Freude sein, den man ungern versiegen lassen möchte. Über mögliche Motive, berufsethische Grundsätze und die Zulässigkeit von nachweisbarem Eigeninteresse bei Anwälten kann ich nichts sagen, doch die Zukunft wird zeigen, dass der Mann sehr weitreichende Eigeninteressen hat.[2] Bernhards Verteidiger sprach in einer großen Tageszeitung von einem »wirtschaftlichen und menschlichen Existenzvernichtungsfeldzug« gegen uns.[3] Ein Satz, der offenbar ohne erfolgreiche Abmahnung blieb, obwohl der Anwalt diese sonst gerne an Redaktionen verschickt, sobald jemand etwas vermeintlich Negatives über die Witwe veröffentlicht.

Trotz in meinen Augen ehrenrühriger Schriftsätze der Gegenseite lasse ich mich nicht nachhaltig einschüchtern und kämpfe trotz meiner inzwischen erheblichen Zweifel an manchem Vertreter der Justiz vor Gericht gegen die Erben um ein wertvolles, in meinem Haus gepfändetes Kunstwerk, das ich nachweislich von meinem eigenen Geld erworben habe. Es sollte meine Altersversorgung sein, jetzt bräuchte ich es wegen meiner Schulden und erheblichen Belastungen dringend schon vor der Zeit. Ich hatte die Witwe letztes Jahr über eine Freundin kontaktiert, ob man sich in all dem Streit nicht außergerichtlich einigen könne, da es mir sehr schlecht ginge. Aber das lehnte sie ab – ihr Lächeln ob meiner Verzweiflung, so die Freundin, habe man durchs Telefon ahnen können. Sie möchte sich nicht mit mir einigen. Sie ist offenbar siegesgewiss.

---

[1] U.a. FAZ, 12.4.2016, RP, 25.5.2016.
[2] Interessant: Diskussionspapier des BRAK-Präsidiums zur Berufsethik der dt.
Rechtsanwälte. Rechtsanwaltskammer Düsseldorf, 2015.
[3] Welt, 10.11.2014.

Nun ist es eben so. Meine Kinder und ich müssen trotz quälender Ängste und immensen psychologischen Drucks damit leben, dass manche Leute weiter treten, wenn man schon am Boden liegt.

Erschwerend kommt hinzu, dass Bernhards tiefer Fall sich vor den Augen der Öffentlichkeit abspielte. Schlagzeile jagte Schlagzeile – sie bieten eine treffende, in ihrer Widersprüchlichkeit manchmal amüsante Zusammenfassung der letzten langen Monate, die ich Ihnen nicht vorenthalten möchte:

KUNST-PAPST IN U-HAFT

FRÜHER HIGH SOCIETY, JETZT GITTER – BITTER

BETRÜGER ODER FEINER KERL?

SKANDAL IN FEINSTEN KREISEN

ERNEUT DURCHSUCHUNG BEI KRÄMER

HAT ER IN ÜBER 200 FÄLLEN BETROGEN?

DER KRÄMER-KRIMI: BETRUG ODER GEKRÄNKTE EITELKEITEN? HÄME UM KRÄMER IST NICHT FAIR

DIE AFFÄRE WÄCHST UND WÄCHST

ERMITTLUNGEN AUSGEWEITET

KRÄMER KÖNNTE HEUTE FREIKOMMEN

KRÄMER BLEIBT IN U-HAFT

KRÄMERS SPRECHER LISTET WERTSTEIGERUNG AUF

INSOLVENZ DREIER FIRMEN

NEUER JUSTIZÄRGER FÜR KRÄMER

ERBEN FORDERN 29 MILLIONEN

KRÄMER WEGEN BETRUGS ANGEKLAGT

KRÄMER DROHEN 15 JAHRE HAFT

DREI WEITERE FIRMEN MELDEN INSOLVENZ AN

KRÄMER UNTER BEWACHUNG IN KNAST-KLINIK

INSOLVENZVERWALTER RECHNET MIT
JAHRELANGEM VERFAHREN

WITWE: EIFERSUCHT AUF EINE
MÄNNERFREUNDSCHAFT

VERTEIDIGER SPRICHT VON
EXISTENZVERNICHTUNGSFELDZUG

AUFTAKT IM PROZESS

KUNSTPAPST WURDE VON POLIZEI ABGEHÖRT

TRÄNENGESTÄNDNIS VOR GERICHT

DER STURZ DES ADLERS

FRAU KRÄMER: MIR GEHT ES SUPERSCHLECHT

BRAVORUFE FÜR FRAU KRÄMER

KUNSTBERATER SCHICKT GEDICHTE
UND BILDER AUS JVA

KRÄMER PUTZT JETZT TOILETTEN UND
SINGT IM CHOR

SHOWDOWN IN ESSEN

DAS LUXUSLEBEN DER DISCOUNTER-ERBEN

KUNSTBERATER MUSS ÜBER
19 MILLIONEN ZAHLEN

KRÄMER UND DAS MILLIONENURTEIL –
WIE SOLL ER DAS BEZAHLEN?

KRIMI MIT LAUTER VERLIERERN

ERBEN WOLLEN WEITERE FÜNF MILLIONEN
EINKLAGEN

INSOLVENZVERWALTER ÖFFNET PLEITE-AKTE

KRÄMER ZIEHT IN BERUFUNG

MEHRERE ANKLAGEPUNKTE EINGESTELLT

ANKLAGE FORDERT SIEBEN JAHRE HAFT

WITWE: PERSÖNLICHE ABRECHNUNG
VOR GERICHT

DER TIEFE FALL DES BERNHARD KRÄMER

SECHS JAHRE KNAST! KRÄMERS
SCHWERSTER TAG

WITWE EMPFINDET GENUGTUUNG

FRAU DES KUNSTBERATERS
KLAGT GEGEN ERBEN

FRAU KRÄMER WILL GERECHTIGKEIT

KEINE ENDE IN SICHT! NEUER PROZESS
GEGEN KRÄMER

AUSVERKAUF BEI KRÄMER KANN BEGINNEN

VIEL KUNST FÜR WENIG GELD

BIETERSCHLACHT UM KRÄMER-KUNST

ES BLEIBT EIN SCHULDENBERG

KRÄMERS FRAU BEIM ARBEITSAMT

KRÄMER: KAUM KONTAKT ZUR AUSSENWELT

KEIN VERGLEICH ZWISCHEN KRÄMER UND ERBEN

Sträfling N° 1

Trotz dieses filmreifen Ausnahmezustands haben die Kinder und ich Verstand, Contenance und Humor noch nicht gänzlich verloren. Brauchen wir nebst exzellenter Nerven auch weiterhin. Bernhard hat sich in seiner Parallelwelt im Gefängnis rasch eingelebt und bereichert durch seine unkonventionelle, unterhaltsame Art den Knast-Alltag – und bildet nach eigener Aussage häufig den Mittelpunkt desselbigen.

Die teils haarsträubenden und manchmal durchaus situationskomischen Ereignisse der letzten Monate habe ich aufgeschrieben und mit Zitaten aus Briefen meines Mannes sowie originalen Schlagzeilen aus der Presse angereichert. Aus diesem Versuch, das über uns hereingebrochene Unheil zu verarbeiten, entstand ein Buch. Den Namen meines Gatten habe ich darin geändert und stattdessen den Geburtsnamen meiner Schwiegermutter Suse gewählt. Ich habe eine Verlegerin für mein Buch gefunden und das Manuskript vor kurzem abgegeben. Beim ersten Termin im Verlag sagt dessen neuer Leiter zu mir: »Als ich in das Manuskript hineingelesen habe, dachte ich, wie kann man sich so einen Roman nur ausdenken, das ist viel zu abwegig.« Erst als er auf dem Titelblatt gesehen habe, wer das Buch geschrieben hat, habe er begriffen: Das ist WIRKLICH alles passiert.

Wir müssen beide lachen.

Ich besuche Bernhard zweimal im Monat im Gefängnis – öfter ist es nicht erlaubt – oder organisiere Freunde, die ihn gerne sehen möchten. Wir schreiben uns Briefe, die wohl auch von der Staatsgewalt gelesen werden und die inzwischen auf meinem Schreibtisch einen dicken Ordner füllen; es sind Hunderte von Seiten. Bernhard darf nach monatelangem Nichtstun nun als Essensverteiler arbeiten und ist als Sportwart tätig. Er verteilt die Mahlzeiten an den Zelltüren, putzt

Waschräume und Toiletten, pflegt Sportgeräte, wäscht Trikots.

Das gibt mir Hoffnung, dass man ihn später endlich mal effizient im Haushalt einsetzen kann. Einmal hat er mit dem Doppeljob, der morgens um 5.30 Uhr beginnt, fast 166 Euro im Monat verdient. Davon wurden dann 86 Euro für die Gläubiger gepfändet. Dennoch macht es ihm Spaß, eine Aufgabe zu haben. Aufgrund seiner kumpelhaften Art und da er interessant erzählen kann, ist er beliebt bei den Wärtern und Mitgefangenen. Er bezeichnet sich selbst als »Sträfling Nr. 1«. Und erzählt, dass mancher Wärter scherzhaft meint, dass er sicher bald die Schlüssel bekäme.

Bescheidenheit und mangelndes Selbstbewusstsein gehörten nie zu seinen hervorstechenden Eigenschaften. Mithäftlinge, die sich von Bernhard die Adresse geben ließen und mir Briefe schreiben, berichten, dass er ihnen und den Wärtern nicht ohne Stolz die vielen Zeitungsartikel über seinen Fall zeige. Diese lassen sich im Schutzraum Knast wohl eher goutieren als in der Wirklichkeit außerhalb geschlossener Anstalten...

Im Gefängnis hat er zudem begonnen zu malen, er singt im Chor, besucht den Bibelkreis, geht zum Gottesdienst, liest sogar Bücher – alles Dinge, die im vorherigen Leben nicht zu seinem favorisierten Zeitvertreib gehörten. Und in dem danach vorraussichtlich auch nicht mehr. In seinen Briefen schreibt er, er sei ruhiger geworden, schaue gelassen in die noch ungewisse Zukunft und denke viel nach. Er sei – zumindest vorläufig – zu dem Schluss gekommen, dass man zum Leben nicht viel brauche, dass das Materielle unbedeutend sei und dass er so ziemlich alles, was er je erreicht hat, aus eigener Schuld und Verblendung in den Sand gesetzt habe. Da hat er recht. Nur leider dachte er offensichtlich nicht an uns, und wir müssen uns draußen immer noch mit den Folgen herumschlagen, denn er ließ uns ungesichert ins Unglück laufen. Und so ganz ohne Materielles geht es auch nicht. Wegen Miete, Lebensmitteln, Strom, Wasser, Gas und so.

Aber eines steht fest: Kleinkriegen werden sie Bernhard nicht, er hat sich gut eingelebt und sich auch im Knast eine Welt geschaffen, in der er Anerkennung genießt. Er ist ein Stehaufmännchen.

Und auch unser Leben geht weiter.

SOMMER 2015

Viva Italia!

Draußen herrschen schwüle 29 Grad. Ich gehe zum Supermarkt einkaufen und freue mich über die angenehme Kühle dort. Gleich hinter dem Eingang ramme ich mit meinem Einkaufswagen eine Pyramide aus Spekulatius, Lebkuchenherzen und Marzipankartoffeln, die eine Verkäuferin gerade kunstvoll übereinander schichtet. Alle Jahre wieder wundere ich mich aufs Neue, wen es bereits im Spätsommer nach Dominosteinen gelüstet. Offenbar sind jedoch viele deutsche Verbraucher mindestens ebenso verrückt wie die Süßwaren-Hersteller: Wenn niemand schon jetzt Weihnachtsgebäck kaufen würde, wäre das Angebot ja völlig sinnlos. Wenigstens stehen noch keine Nikoläuse da.

Meine Kinder sitzen mit mir beim Abendbrot. Die Stimmung ist durchwachsen bis schlecht. Papa ist seit 14 Monaten absent. Wir fühlen uns irgendwie fremd im eigenen Haus, denn ich muss es wegen der monatlichen Belastung und Schulden unter Druck verkaufen. Das ist für uns alle sehr schmerzhaft, jahrelang hatten wir es liebevoll für unsere große Patchworkfamilie und für uns als »Alterssitz« umgebaut – sogar barrierefrei, damit wir später auch mit Krücken, Rollator, Rollstuhl und Pflegerin überall hinkommen. Der Umbau dauerte genauso lange, wie wir nun drin wohnen – dreieinhalb Jahre. Andererseits hat das Gemäuer auch viele Tränen und unschöne Szenen gesehen: Kriminalbeamte, die auf der Suche nach Beweismaterial in Schränken und meiner Wäsche wühlten. Herablassende Gerichtsvollzieher. Hysterische Anfälle einer jahrelang betrogenen Ehefrau (das war ich). Den Rauswurf eines untreuen Ehegatten (das war Bernhard). Verzweifeltes Schluchzen diverser Familienmitglieder ob des Irrsinns, der mit der Verhaftung über uns hereingebrochen ist.

Ich schaue in die bedröppelten Gesichter meiner lustlos

auf ihren Broten herumkauenden Nachkommen und konstatiere: Es besteht Handlungsbedarf. Nach über einem Jahr im Dauerstress und ohne Urlaub müssen wir dringend mal raus. Mal was anderes sehen. Vor allem keine heimischen Zeitungen. Praktischerweise sind gerade Sommerferien. Unpraktischerweise haben wir aber kein nennenswertes Budget für einen Urlaub. Da hat meine 16-jährige Tochter Lilian wie so häufig einen Geistesblitz: »Mami, du hast doch diese Freundin, die in München mit dir Kunstgeschichte studiert hat und nun in Italien Gästezimmer vermietet. Das sieht so wunderschön auf den Fotos im Internet aus, da wollten wir doch schon immer mal hin. Frag sie doch mal!«

Stimmt – super Idee! Meine Studienkollegin Angelika hatte vor knapp zehn Jahren mit ihrem zweiten Ehemann ein neues Leben begonnen: Sie haben sich den Traum eines Bed & Breakfast auf dem Land erfüllt. Über Facebook stehen wir in lockerem Kontakt miteinander. Die Aufnahmen, die die exzellente Fotografin Angelika von ihrem Hideaway und dessen Umgebung postet, sind allesamt zauberhaft. Wir googeln die Webseite ihres B & B, und auch mein Sohn Maximilian ist sofort Feuer und Flamme. Ich frage Angelika per WhatsApp an, ob und wann noch etwas in ihrem Refugium frei ist, und bekomme umgehend Antwort: Wenn wir alle drei ein Zimmer zusammen nehmen, ist es ab übernächster Woche kein Problem. Wir schauen nach Flügen – großartig, man kommt total preiswert nach Rom – und nach einem erschwinglichen Mietauto. Denn ein Blick auf die Karte zeigt, dass das »Hideaway« absolut wörtlich zu verstehen ist. Die »Casa Angelica« liegt im südlichsten Umbrien, gut versteckt zwischen den sanften Hügeln bei dem Städtchen Amelia.

Ich freue mich wie Bolle: nach Jahren wieder ins geliebte Italien! Palazzi, Kirchen, Renaissance-Parks, Museen, historische Stadtkerne … Ich gerate unverzüglich ins Schwärmen und merke nicht, wie entgeistert mein Nachwuchs mich anschaut: »Mama, das soll URLAUB werden!«, ruft Max warnend, um jedwede meiner bildungsbürgerlichen Attacken schon im Keim zu ersticken. So was von renitent aber auch – nur weil es in Mittelitalien gerade 39 Grad im Schatten hat, muss man sich doch nicht von kunsthistorischen Streifzügen abhalten lassen! Oder schlagen meine Gene etwa nicht durch?

Ich bringe meinen Eltern schonend bei, dass sie bald einen gaaanz süßen Feriengast haben werden, und frage, wann ich denn unser Hundchen vorbeibringen könne. Das ist natürlich kein Problem, obwohl man unseren kleinen Münsterländer durchaus als besonders temperamentvoll bezeichnen könnte. Aber andererseits ist er eine Riesen-Schmusebacke. Mein Vater hüpft garantiert gleich nach dem Telefonat in sein Auto, um im Tiermarkt ein paar Tonnen Leckerli einzukaufen. Wenn der Hund bei meinen Eltern in Trier ist, nimmt er im Gegensatz zu meinem Vater zu. Ersterer verliert jedoch jedes Mal einige Kilo. Ob dem so ist, weil er am Tag ein Dutzend Mal Gassi geht (besser: läuft) oder weil er vor lauter Hundeverwöhn-Programm nicht zur Nahrungsaufnahme kommt, ist mir noch nicht ganz klar.

Mäuse-Autos und
persische Köstlichkeiten

Wir packen jeder einen kleinen Koffer, denn unter meinem Regiment darf bei uns im Flugzeug seit Jahren nur mit Handgepäck verreist werden. Ich halte nämlich den Rekord im Wettbewerb »Mein Koffer ist nicht angekommen«. Neunmal – Sie haben richtig gelesen – stand ich schon an diversen Urlaubsorten ohne Gepäck da, weil es aus unerfindlichen Gründen nicht ankam. So unter anderem in Marbella, Paris, Rom, München und den USA. Das vorvorletzte Mal bin ich drei Tage in den olivgrünen Klamotten meines Teenager-Sohnes herumgelaufen, weil ich mir nicht extra was Neues zum Anziehen kaufen wollte. Es gab auch nix – wir waren im Dschungel. Das vorletzte Mal wartete ich über zwei Monate auf eine Tasche, die im Flughafen abhandengekommen war. Ich bin in dieser Hinsicht gewissermaßen leicht traumatisiert. Meine Mutter nennt mich Weltmeisterin im Packen, weil ich inzwischen echt viel Zeug auf kleinstem Raum unterbringen kann – inklusive Kosmetika! Und soll ich was sagen? Trotz minimalen Gepäcks hat man immer noch zu viel dabei!

Einem reibungslosen Flug in die Ewige Stadt Rom folgt die ebenso unproblematische Übernahme des Leihwagens – abgesehen von den gefühlten etwa 25 Kilometer Fußweg, die man in Fiumicino durch das Flughafengebäude laufen muss, bis man den preiswertesten aller Mietwagen-Anbieter erreicht hat. Als kluge Hausfrau und hoffnungslose Orientierungs-Legasthenikerin habe ich auf Rat meines Sohnes hin von zu Hause das Navigationsgerät aus seinem Auto mitgenommen. Das kostet sonst extra, und für Smartphone-Wegweiser fehlt uns die Auslands-Flatrate. Ohne Navi finde ich nicht mal den Weg zum Briefkasten, und selbst mit schaffe ich es regelmäßig, mich zu verfahren.

Munter steigen wir in den Kleinwagen, der ganz neu aussieht und auch so riecht. Gut, dass wir nur kleines Gepäck dabeihaben. Der Kofferraum ist – sagen wir: überschaubar. Unser Ziel soll laut Navi in 96 Minuten erreicht sein. Die Autobahn ist verstopft, es geht im Berufsverkehr nur stop and go. Das macht aber nichts, so kann ich meinen Kindern die herrliche italienische Landschaft im historischen Latium besser zeigen. Die besteht im Moment leider nur aus langweiligen Industriegebäuden, Brachflächen und eher tristen Gebäudekomplexen. Doch schon ragen ab und zu verheißungsvoll riesige Schirm-Pinien aus kleinen Dörfchen hervor. »Bald wird es richtig schön«, verspreche ich, denn allmählich schälen sich im Norden die Hügel Umbriens aus dem Horizont. Wir biegen ab auf baumumstandene, kurvenreiche Straßen, die sich die Berge hoch und runter winden. Viel schneller geht es allerdings nicht voran – das Auto hat offenbar keine Pferde-, sondern Mäusestärken und kommt die teils recht steilen Serpentinen kaum hoch.

Max drängelt: »Mama, jetzt gib doch mal Vollgas, hinter uns ist eine Riesenschlange!«

»Ich GEBE Vollgas«, rufe ich und wünsche mir sehnlichst einen Sattelschlepper vor mir, dem ich die Schuld an unserer Lahmheit geben kann.

Es geht trotz Malträtierens des Gaspedals einfach nicht schneller. Wütend denke ich: Da muss der wild fuchtelnde italienische Macho, der hinten an meiner Stoßstange klebt, eben länger warten, bis er Mammas Pasta auf den Teller bekommt!

Nach eineinhalbstündiger Fahrt befiehlt uns das Navi, von der Straße abzubiegen. Es kommt mir komisch vor: Wir fahren, nein, wir hoppeln nun auf einem buckeligen Feldweg dahin. Als uns die erste Kuh entgegentrabt, bitte ich Max, vielleicht doch mal kurz das Smartphone-Navi einzuschalten und die Google-Allwissend-Map zu fragen. Dass es um die Casa keine befestigten Straßen gibt, hätte Angelika mir doch gesagt?

Das smarte Navi will, dass wir den ganzen Weg wieder zurückhoppeln. Aus Angst um die ächzenden Achsen unseres Mäuse-Autos sehe ich davon ab und hoffe, dass der Acker bald endet. Tut er auch. Wenig später geht es auf eine halbwegs geteerte Straße und scharf rechts runter – dort mündet der Weg nach wenigen Metern in einem kleinen Parkplatz. Ich mache den Motor aus, parke, und wir öffnen die Wagentüren – direkt vor uns stehen vier energisch bellende Hunde. Sie freuen sich doch hoffentlich, dass wir da sind? Da sie harmlos aussehen und offensichtlich das Begrüßungskomitee bilden, trauen wir uns aus dem Gefährt.

Ach, wie ich diesen Duft nach Pinien liebe, wie das Zirpen der Zikaden! Das ist der Süden, das ist Urlaub! In einem verwunschenen Garten liegt das jahrhundertealte Haus aus hellem Gestein vor uns, eine Hängematte baumelt zwischen zwei Bäumen. Ein fröhlich winkender bebrillter Mann, der in der brütenden Hitze eine mit Steinen beladene Schubkarre geschoben hat, kommt auf uns zu: Es ist Constantyn, Angelikas Mann, den ich bis dahin nur von Fotos kannte. Er begrüßt uns sehr herzlich und stellt uns die vierbeinigen Bewohner vor: die kleine, resolute Jack-Russell-Dame Lucy, ihren Sohn und Rudel-Anführer Fellini, die schwarze, langschnauzige Winzlings-Mischlingshündin Nora, Schlappohr Pluto sowie die Kater Nero und Harry. Später lernen wir noch einen Igel kennen, der vor einer Schüssel mit Wasser hockt und (noch) keinen Namen hat. Eigentlich hätten wir unseren kleinen Münsterländer Dexter auch mitbringen können. Lucy hätte dem wilden Lümmel bestimmt die Flötentöne beigebracht.

Unser Zimmer – eins von den insgesamt drei Gästezimmern – liegt im ersten Stockwerk und ist liebevoll und ge-

mütlich eingerichtet: Terrakottaboden, am Fenster sachte we-
hende Vorhänge, ein schmiedeeisernes Himmelbett mit vielen Kissen, gegenüber ein mit cremeweißen Leinen bezogenes
Einzelbett, ein alter Schrank voller Bücher, kleine Vasen mit
frischen Blumen, hohe Kerzenständer mit dicken Kerzen, ein
Paravent mit Kleiderbügeln, ein Steh-Ventilator sowie eine
hübsche marokkanische Deckenlampe, die abends tanzende
Punkte an die Decke werfen wird. Das geräumige, mit antiken
Kacheln ausgekleidete Badezimmer hat eine Treppe nach
draußen und beherbergt zur Freude meiner Tochter einen
antiken Schminktisch. Unter dem kleinen gusseisernen Tisch,
der auf dem Treppenabsatz vor dem Badezimmer steht, hat es
sich einer der Kater bereits in der Sonne gemütlich gemacht.

Ausgepackt haben wir bei der geringen Menge unseres Gepäcks schnell, und wir schlüpfen in Shorts und T-Shirts. Inzwischen ist auch Angelika da, sie war einkaufen. Das letzte
Treffen liegt Jahre zurück, es ist schön, sich wiederzusehen
und endlich ihr italienisches Heim kennenzulernen. Sie zeigt
uns das Haus, in dem Bilder, kleine Skulpturen, Findlinge
und Bücher die Wände und Regale füllen. Dann führt sie uns
in den weitläufigen, nach unten abfallenden Garten. Hohe,
von reifen Brombeeren schwere Hecken säumen die Grund-
stücksmauern, Dutzende Olivenbäume ragen aus der som-
mertrockenen Wiese, üppiger Lavendel und Rosen umgeben
duftend den überraschend großen Pool, türkisfarbene Son-
nenschirme leuchten über den Liegestühlen. In der Ferne er-
hebt sich über dunkelgrünen Wäldern im Sommerdunst die
Silhouette von Amelia, überragt von der erhabenen Kuppel
des Domes. Es ist wunderschön. Wir fühlen uns sofort zu
Hause.

Am Abend möchten Angelika und Constantyn uns ein
persisches Essen servieren: Dort, in Teheran, haben sich die
beiden vor Jahrzehnten als Schüler kennengelernt, als ihre

Väter einige Jahre dienstlich im Iran weilten. Außer uns sind noch andere Freunde der beiden zu Gast: Rosa und Gregor aus Berlin, er Künstler, sie Kunsthistorikerin. Womit von letzterer Spezies drei Exemplare anwesend wären.

Wir verstehen uns auf Anhieb und werden von Constantyn umgehend zu Smutje-Arbeiten herangezogen: Alle zusammen schnippeln wir vor dem Haus Zwiebeln und Knoblauch, hacken frische Kräuter, scheibseln Karotten und Pilze, würfeln Kartoffeln und trinken einen leichten, eiskalten Orvieto dazu. Das sind Momente, die mit keinem Geld der Welt zu bezahlen sind.

Zum Essen begeben wir uns auf die Terrasse hinter dem Haus – der Blick auf die in den letzten Sonnenstrahlen warmgolden schimmernde Stadt ist atemberaubend. Gregor steht etwas abseits an der Pergola, weil er eine Zigarette raucht. Es riecht seltsam. Hat Angelika das Fleisch verbrannt? Da kreischt Lili los: »Feuer! Es brennt!« In der Tat qualmt es plötzlich verdächtig stark aus der Ecke, in der Gregor steht. Er hat seinen Glimmstängel geistesabwesend in einem Topf mit getrocknetem Rosmarin ausgedrückt, der rasch Feuer fängt. Mittels einer weiteren halben Flasche Orvieto wird der brutzelnde Rosmarin gelöscht und der nun sehr apart nach Kräuterqualm riechende Gregor von seiner Rosa streng ermahnt.

Dann kredenzen uns die Gastgeber ein köstliches Essen mit Gewürzen aus dem Morgenland, die ich noch nie gekostet habe. Einige Stunden und innige Gespräche später gehen wir nach oben. Lilian und ich krabbeln ins Himmelbett, Maximilian in das Einzelbett. Fellnase Fellini ist uns nachgeschlichen und scheint noch unschlüssig, mit wem von uns er die Nacht verbringen will. Wir lassen die Fenster offen und hören den Grillen zu. Seit Monaten habe ich nicht mehr so tief und erholsam geschlafen.

***

Geweckt werden wir von einem köstlichen Duft, der durchs Haus zieht. Und von Plutos aufgeregtem Gebell, welches die Ankunft einer kinderreichen Familie aus Rom verkündet.

Die Casa hat für das Frühstück mehrere Sitzecken rund um das Haus. Mal sitzen wir auf einer kleinen Terrasse, mal im Garten. Jeden Morgen lässt Angelika sich etwas anderes für das Verwöhnprogramm ihrer Gäste einfallen: Zusätzlich zu verschiedenen Brotsorten und Aufstrichen gibt es kleine Quiches, Aufläufe, Eierspeisen, Fruchtvariationen oder Küchlein. Sie steht gegen fünf Uhr auf, um alles vorzubereiten. Auch Constantyn ist längst wieder dabei, die defekte Gartenmauer zu reparieren, und schichtet schwere Steine übereinander. Mir wird klar, dass es ein Knochenjob ist, ein B & B alleine zu betreiben, dazu ein Haus mit Gästezimmern und das große Grundstück in Schuss zu halten.

Während des Frühstücks lege ich unauffällig fünf Reiseführer aus Angelikas Bibliothek auf den Tisch: »Umbriens Kunst & Kultur«, »Umbrien – Kultur im Herzen Italiens« und so. Meine Kinder durchschauen mich sofort und schreien unisono: »Wir gehen jetzt erst mal an den Pool!!« Als ein mit demokratischen Grundsätzen aufgewachsener Mensch beuge ich mich dem Mehrheitsvotum, verteile nach dem Frühstück Schwimmkleidung nebst Sonnenschutzcreme und begebe mich mit Lilian, Max und einem noch unveröffentlichten Manuskript meines Münchner Freundes Tassilo an den Pool. Die Liege ist bequem, das Wetter herrlich, die Kinder toben ausgelassen im Wasser wie zu Zeiten, als sie noch knallorange Schwimmflügelchen brauchten. Das mit der Kultur lassen wir für heute erst mal sein.

Ab dem nächsten Tag gibt es jedoch keine Gnade mehr, zumal der Pool inzwischen fest in der Hand der römischen Großfamilie ist. Der manieristische Garten von Bomarzo, in dem Natur und Kunst zu einer faszinierenden Einheit verschmolzen sind, will ebenso besichtigt werden wie der Dom von Orvieto mit seinen herrlichen Wandmalereien und die pittoresken Gassen kleiner, in die Hügel geschmiegter Dörfer.

Doch weder mein »Guckt mal, der Dom ist gestreift« noch meine Begeisterungsschreie angesichts der drastischen Höllenszenen auf den Fresken Luca Signorellis in Orvieto oder die unfassbar feine Pracht des Farnese-Palastes in Caprarola können meine Nachkommen dazu bewegen, sich auch am vierten Tag von mir bei flirrender Hitze durch Kulturdenkmäler der Menschheit schleppen zu lassen, noch dazu mit entsprechenden kunstwissenschaftlichen und historischen Erläuterungen seitens ihrer unentwegt plappernden Mutter unterlegt. Sie bleiben am Pool, während ich mit dem Mäuse-Auto im Schneckentempo die Örtchen abklappere.

Ich sehe mir also alleine die opulenten Fresken von Benozzo Gozzoli in Montefalcone an, halte inne in einer romanischen Krypta in Bevagna, bummele durch die in der Mittagsglut verlassenen Gassen von Lugnano in Teverina. Als ich den kleinen Ort hinter mir lasse und auf dem Heimweg auf einer schmalen, kurvenreichen Straße bergab fahre, steht die Sonne tief und taucht die Umgebung in ein seltsames, bronzen gleißendes und doch tückisch erscheinendes Licht. Unzählige alte Meister haben diese lieblich-spröde Landschaft festgehalten: die hellbraunen und grünen Felder, die Quader einzelner Gehöfte und Herrenhäuser, die hingetupften kleinen Waldstücke, die den Wellenbewegungen der Hügel folgenden Ketten der spitzen Pinien. Es ist ein Anblick von vollkommener, ruhiger, zeitloser Schönheit.

Nach einigen Kilometern verdichten sich blitzschnell die vereinzelten Wolken. Wenig später fallen riesige Hagelkörner vom Himmel. Es schüttet, als habe der Himmel sich aufgetan.

Ich parke am Straßenrand an einem schmalen Wäldchen, lege den Kopf auf das Lenkrad und weine, weine, weine.

Aqua Alta –
Herbst, 24 Jahre zuvor (1991)

Piero della Francesca ist seit 500 Jahren tot. Italien widmet dem grandiosen Renaissance-Meister kleine und größere Ausstellungen an fast allen Orten, an denen Werke des Malers versammelt sind – vor allem in der Toskana und in Umbrien.

Ich bin verliebt. Mein neuer Freund – er heißt Bernhard – ist an meiner Seite. Wir haben uns Ende 1990 in München kennengelernt. Genauer gesagt, auf der Werneckstraße in Schwabing. Ich war damals seit einigen Monaten aus Paris zurück, wo ich ein Jahr lang über eine Schlossanlage geforscht hatte, und war frisch promoviert. Auf Empfehlung einer Bekannten hatte ich mich bei einer Kunstberatung beworben und wurde zum Gespräch eingeladen. Als meine drei Mitbewohner in der WG meinen Aufzug sahen, erklärten sie mich für leicht bekloppt. Einer hielt sich erschrocken die Augen zu.

»So gehst du zum Bewerbungsgespräch? Ist das nicht etwas schrill?«, fragte Thomas.

»Wieso?«, gab ich zurück, »in Paris ist das total chic, ihr seid echt so was von SPIESSIG!!! Ich bewerbe mich bei einem Unternehmen, das sich mit zeitgenössischer Kunst beschäftigt. Das ist Avantgarde!«

Ich trug meinen kanariengelben Lieblings-Wollrock, blickdichte schwarze Strümpfe, flache, dicksohlige Schuhe und eine schwarze, mit bunten Herzen des Pop-Art-Künstlers Jim Dine bedruckte Bluse. Das Haar war kinnlang und der Pony sehr kurz. Make-up verpönt. Ich fand das sehr Parisienne.

Selbstbewusst klingelte ich an der Tür, deren Namensschild darauf hinwies, dass hier die Firma residierte, bei der ich mich beworben hatte. Nur öffnete bedauerlicherweise niemand. Nach angemessener Wartezeit klingelte ich noch mal. Nichts passierte. Ich wurde nervös. Hatte ich mich im Termin vertan, die falsche Uhrzeit notiert? Mobiltelefone gab es für Normalsterbliche noch nicht, ich konnte nicht dort anrufen. Noch mehrmals betätigte ich den Klingelknopf. Nichts.

Nach 15 Minuten bekam ich kalte Füße und beschloss enttäuscht, nach Hause zu gehen. Da näherte sich vom Ende der Straße her ein Paar. Sehr eindrucksvoll: ein beleibter Mann im langen, schwarzen Mantel, daneben eine elegante, blonde Dame in braunem Pelz. In der Hand trugen sie offenbar schwere, orangefarbene Tüten eines sehr, sehr teuren Geschäfts. »Welcome back in München«, dachte ich bei mir; in Frankreich hatte ich in einem Viertel gewohnt, wo solch bestens gekleidete Menschen sich nie hinverirrten.

Das feine Paar steuerte zielsicher auf mich zu. »Das sind doch wohl nicht die Leute, mit denen ich das Gespräch führen werde?«, dachte ich mit einem leichten Anflug von Panik – vor allem, als ich mir mein Outfit ins Gedächtnis rief. Doch als der Mann mir meinen Namen entgegenrief und sich für die Verspätung entschuldigte, gab es keinen Zweifel mehr. Das könnte mein zukünftiger Chef sein! Hätte ich mir doch bloß irgendwo eine graue Flanellhose und eine weiße Bluse geliehen, am besten noch eine dunkelblaue Strickjacke dazu! Und Perlenohrringe oder ähnlich Seriöses angelegt! Aber das half jetzt nichts mehr: Da musste ich durch.

Trotz unterschiedlicher modischer Geschmäcker verlief das Gespräch sehr positiv. Und in den orangefarbenen Tüten befanden sich zu meiner Erleichterung keine fünf Kilo Handtaschen und Seidentücher, sondern Kunstkataloge. Die elegante Dame war eine angesehene Kunstkritikerin und die Leiterin der Niederlassung.

Der potenzielle Chef – Bernhard Krämer – und seine Mitarbeiterin stellten ein paar Fragen, schauten meine Unterlagen und Zeugnisse durch. Ich bekam den Job in München! In vier Monaten – am 1. April 1991 – würde es losgehen, ich sollte zunächst ein mehrwöchiges Traineeprogramm in Düsseldorf absolvieren. Dort war der Hauptsitz der Kunstberatung. Es war mir ganz recht – ich

hatte mich gerade von meinem langjährigen Freund Klaus getrennt, an dem ich immer noch sehr hing, und war froh über den
Ortswechsel.

Ich war zuvor noch nie in Düsseldorf gewesen. Man stellte mir
ein Zimmer im Dachgeschoss der Firma zur Verfügung. Das Haus
lag inmitten eines lebendigen, vor allem von Familien bewohnten
Viertels mit wunderschönen alten Villen. Der Rhein war fußläufig
nur ein paar Minuten entfernt, es gab kleine Geschäfte, Kneipen
und Cafés, dazu Bäckereien, Blumengeschäfte und Apotheken zu-
hauf. Das Stadtzentrum war nur drei Straßenbahnstationen entfernt.
Die insgesamt fünf Kollegen und Kolleginnen – alle hatten Partner
oder Familie – waren ausgesprochen nett und hilfsbereit, ich arbeitete mich schnell ein. Die Abende verbrachte ich gemütlich lesend
allein im Zimmer unter dem Dach, nachdem ich mir in der Küche
etwas gebrutzelt oder ein Butterbrot geschmiert hatte. Ich kannte
niemanden in der Stadt und hatte weder Lust noch Mut, mich einfach irgendwo hinzusetzen.

Ab und zu hörte ich, wie unten die Haustür aufgesperrt wurde
– Herr Krämer kam zu später Stunde noch mal vorbei und kramte
in seinem Büro. Einige Male fragte er, ob ich Hunger hätte und mit
ihm zum Italiener um die Ecke etwas essen gehen würde. Da ich
für eine leckere Mahlzeit und ein gutes Glas Wein jederzeit zu haben bin, sagte ich gerne ja. Wir unterhielten uns, aßen einen Gang
nach dem anderen, lachten viel, ergänzten uns gut. Ich staunte
über seinen immensen Appetit, fand ihn interessant und unterhaltsam, aber auch arg von sich überzeugt; doch er war schließlich Unternehmer – da gehörte das wohl dazu.

Eines Abends fragte er vor der Haustür: »Frau Doktor, alle
finden Sie klasse, was kann ich tun, damit ich Sie für meine Firma
hier in Düsseldorf behalten kann?«

Ich dachte kurz darüber nach, was mich nach den letzten Jahren in den Hauptstädten von Frankreich, Italien und Bayern dazu
bewegen könnte, in die im Vergleich kleine, doch idyllische und

angenehm bodenständig-offene Stadt am Rhein zu ziehen, und antwortete:

»Finden Sie hier für mich den Mann meines Lebens, Herr Krämer, dann bleibe ich.«

Nicht im Entferntesten ahnte ich, was der Angesprochene daraufhin dachte:

»Der steht doch schon vor dir, du kleiner Trottel.«

Nach diesem Abend aktivierte mein Chef ein mich betreffendes Akquisitions-Programm, das seinesgleichen sucht. Den ersten Heiratsantrag machte er mir nach sechs Wochen – da hatten wir noch nicht mal Händchen gehalten. Den leisen Hinweis, dass er meines Wissens doch bereits verheiratet sei, fand er völlig überflüssig: Immerhin habe er schon mit einer anderen Frau ein Kind, die Ehe sei längst zerrüttet, die Scheidung terminiert. Aha, dachte ich. Hier in Düsseldorf geht es ja drunter und drüber.

Doch Herr Krämer ließ nicht locker, auch als ich wieder zurück in München in der Niederlassung war. Als es nach einigen Monaten Dauerbeflirtung auch bei mir funkte, kündigte ich umgehend und nahm ein Stellenangebot im Führungskreis eines großen amerikanischen Unternehmens mit Sitz in München an. Ein Verhältnis mit dem Vorgesetzten kam für mich nicht in Frage.

An diesen neuen Arbeitsplatz – nicht etwa nach Hause – schickte Bernhard mir vom ersten Arbeitstag an in den ersten sechs Wochen jeden Montagmorgen einen riesigen Strauß Blumen. Der musste dann auf meinem Schreibtisch im Büro platziert werden, damit auch jeder Hereinkommende sehen konnte: Die Dame ist vergeben. Einerseits fand ich das bei all den feschen Jung-Managern im Unternehmen etwas schade, andererseits war ich beeindruckt von so viel Engagement, Zielstrebigkeit und Kampfgeist: Da wollte mich jemand wirklich unbedingt erobern und duldete keine Konkurrenz. Das hatte ich in dieser Beharrlichkeit noch nie erlebt. Es gefiel mir. Wir wurden ein Paar.

Bernhard ist als erfolgreicher Kunstberater in der zeitgenössi-

schen Kunstszene heimisch, kennt sich aber in der älteren Kunst-
historie nicht aus. Mit mir als Gefährtin geht das natürlich gar nicht.
Wir nehmen die Piero-della-Francesca-Schauen zum Anlass, in die
Toskana und nach Umbrien zu reisen. Es ist Herbst – das heißt, die
Temperaturen sind angenehm, die Touristen nicht mehr ganz so
zahlreich, und – wie köstlich – nahezu jede Trattoria und jedes
Restaurant hat Trüffelgerichte im Angebot. Wir starten in Florenz.
Eine Stadt, in der ich mich recht gut auskenne – ich habe dort als
Studentin Führungen gemacht. Wie ein Wasserfall rede ich auf
Bernhard ein, stolz auf mein Wissen über die italienische Renais-
sance, ihre Künstler und ihre Politik. Zusätzlich bin ich mit einer
neuen Kamera ausgestattet (an meine jüngeren Leser: so etwas
benutzte man vor den Zeiten von Mobiltelefonen, um Fotos zu machen) und verknipse am ersten Tag drei 36er Filme. (Das sind kleine, schwarze Rollen, deren Zelluloid-Inhalt zu Negativen und anschließend zu Fotografien auf Papier entwickelt werden. Wir
sprechen also von dem Zeitalter VOR der Digitalisierung, als man
noch eine Woche warten musste, um seine Fotos anschauen zu
können. Man kannte noch Vorfreude auf das Ergebnis.) Auch Bernhard versucht sich an dem Gerät.

Am späten Nachmittag fängt es an zu nieseln, aus dem Niesel
wird Regen, aus dem Regen werden Sturzbäche, die vom Himmel
fallen. Der Wasserspiegel des Arno steigt in beängstigender
Schnelligkeit, vom Fenster unseres Hotelzimmers in einem alten
Palazzo aus können wir sehen, wie die Bögen des Ponte Vecchio
durch die Fluten des Flusses immer mehr verschwinden und das
Wasser fast die kleinen Verkaufsbuden auf der Brücke erreicht.
Wenn die herrliche Brücke nicht schon 647 Jahre stehen würde,
hätte ich Angst um ihren Bestand. Aber so beschließe ich, vor dem
Abendessen zu baden – die Wanne mit den altmodischen Füßen
in Löwenkopf-Form sieht zu verlockend aus. Als ich den Wasserhahn aufdrehe und eine hellbraune Brühe herausfließt, entscheide
ich mich, es doch sein zu lassen. Auch aus dem Abendessen wird

nichts – ein weiterer Blick aus dem Fenster zeigt: Die Straßen sind nicht begehbar, jedenfalls nicht, wenn man keine Gummi- oder Anglerstiefel im Koffer hat. Aber das macht uns nichts. Wir ordern Wein, Salat und Pasta beim Zimmerservice und machen es uns gemütlich. So verliebt wie wir sind, kriegen wir den Abend auch sehr gut allein in unserem Zimmer rum...

Am nächsten Morgen werden wir gebeten, das Hotel zu verlassen. Florenz ist im Ausnahmezustand. Hochwasser – Aqua Alta. Die Kanäle haben den Dienst weitestgehend aufgegeben. Es fließt kein sauberes Wasser mehr. Uns wird empfohlen, eine Unterkunft in den höher gelegenen Regionen um San Michele zu suchen. Dort finden wir ein Hotel in einem ehemaligen Kloster aus dem 15. Jahrhundert, von dessen Terrasse aus man einen traumhaften Blick auf Florenz hat – wenn auch durch einen Regenschleier. Einen Tag später reisen wir weiter, die Witterung bleibt unberechenbar. In den umbrischen Hügeln sprudelt uns nicht selten ein munteres Bächlein entgegen – auf der Straße wohlgemerkt. Als wir Perugia erreichen, hat sich der Himmel beruhigt, und die Sonne bricht durch.

Zerronnenes Glück

24 Jahre später sitze ich regungslos im Auto und wische mir die Tränen ab. Immer wieder durchblitzen Bilder aus diesen vergangenen Tagen meinen Kopf, vor allem jetzt, da das Wetter ebenfalls Kapriolen schlägt. Ist das wirklich fast ein Vierteljahrhundert her? Ja, natürlich. Einerseits erscheint es mir unendlich weit weg, wie aus einem vollkommen anderen Leben. Andererseits kommt es mir vor wie gestern – wieso sonst würde mich der Anblick dieser Landschaft, dieser Straßen und der Hagelkörner bis ins Mark treffen? Die Erinnerungen packen mich unvermutet und heftig.

Zutiefst verletzt von Bernhards Untreue und seinen Lügen, versuche ich seit seiner Verhaftung vor über einem Jahr, ihn betreffende Emotionen zu verdrängen. Die Inhaftierung erwischte uns in einer schweren, noch nicht ausgestandenen Krise, doch danach war ich so unter Druck und hatte so viel um die Ohren, dass das Verdrängen der Eheprobleme sehr gut funktionierte. Nur nicht in all dem Prassel noch darüber nachdenken.

Nun sehe ich uns über die Jahrzehnte hinweg aneinander gelehnt vor Piero della Francescas mehrteiliger Schutzmantel-Madonna in San Sepolcro stehen. Sehe uns selig grinsend durch die Gassen Urbinos und Monterchis bummeln und nur schwer die Finger voneinander lassen. Kaum erwarten können, dass wir wieder zurück in unser Hotel kommen. Ich erinnere mich, dass das Restaurant in Perugia mit den köstlichsten Trüffel-Ravioli der ganzen Region »Da Bartolo« hieß, schmecke noch den würzigen Geschmack der duftenden, frisch gebackenen Rosmarinbrötchen, die man dort reichte, und sehe, wie wir in Vorfreude auf die Nacht vorbei an der berühmten Fontana Maggiore von Nicolà und Giovanni Pisano händchenhaltend in unser Hotel zurückschlendern.

Wohin ist all das Glück? Warum konnten wir es nicht fest-halten? Was haben die Zeit, die Gewohnheit, die Unachtsam-keit, Bernhards wachsender geschäftlicher Erfolg, meine Kon-zentration auf die Kinder zerrieben? Wir hatten alle Voraussetzungen, die man haben kann: die Passion für Kunst, viele gemeinsame Interessen, nie versiegende Gesprächsthe-men, erfüllende Berufe, einen netten Freundeskreis, keine materiellen Sorgen, ein interessantes gesellschaftliches Leben, eine funktionierende Patchwork-Familie, die Liebe zu unse-ren Kindern und zueinander. Und doch haben wir es nicht für unser ganzes Leben geschafft.

In einem seiner vielen Briefe aus dem Gefängnis hat Bern-hard es geschrieben: Das Glück ist zerronnen wie Sand zwi-schen den Fingern.

Wann hat es begonnen, uns zu verlassen? Warum konnten wir es nicht halten? Wie konnten wir zulassen, dass uns so viel von diesem kostbaren Geschenk in langen Ehe- und Be-rufsjahren entglitt? Wann begann der Riss, der mich nun vor den Scherben unserer einstigen Innigkeit stehen lässt? Vor den Scherben meines ganzen Lebens? Wann begann Bernhard sich unmerklich von allem zu entfernen, was uns etwas be-deutet hat und woran wir glaubten? Sich abzuheben von der Erde? Wann begann ich, dies mit Kritik zu quittieren und ihn abzuweisen? Ab wann trennten sich unsere inneren Wege un-merklich voneinander, und wann begann er, mich zu betrü-gen? Wann verlor Bernhard endgültig das Maß für Recht und Unrecht, für Wahrheit und Lüge und ebnete damit den Weg für unser Unheil?

Noch lange nachdem die Hagelkörner aufgehört haben, auf das Autodach zu prasseln, bleibe ich so sitzen. Dann putze ich mir die Nase und fahre zurück zur Casa.

Charme, Chance und Carabinieri

Da zu einem Italienurlaub selbstverständlich auch der Kontakt mit Wasserflächen außerhalb des Pools gehört, beschließen wir, einen Ausflug zum knapp zwei Stunden entfernten Lago di Bolsena zu unternehmen. Abends wollen wir uns dort mit Angelika, Constantyn, Rosa und Gregor in einem Restaurant am Seeufer treffen. Wir zockeln hin und speisen in Martà in einem Strandlokal meine Lieblings-Pasta: Spaghetti alle vongole.

Anschließend suchen wir ein Plätzchen, an dem man baden kann. Der Strand hat eher die Konsistenz einer staubigen Baustellenstraße und liegt auch gleich an einer. Das ist praktisch, weil man so mit dem Auto fast bis ans Wasser fahren und das Handtuch schon ein bis zwei Meter neben dem Fahrzeug ausbreiten kann. So machen es jedenfalls die anwesenden Italiener. Max und Lili gehen baden, ich sehe angesichts der eher braunen Farbe und Kälte des vulkanischen Sees davon ab. Und kauere mich mit angezogenen Knien auf das kleine Handtuch, um den Kontakt mit dem in jede Pore dringenden rötlichen Staub zu vermeiden.

Irgendwann brechen wir auf, um zum verabredeten Treffpunkt in dem Lokal am See zu fahren. Trotz Navigationsgerät verfahren wir uns tüchtig, Angelika versucht vergebens, mir am Telefon den Weg zu erklären (Orientierungs-Legasthenikerin eben...). Maximilian übernimmt, ganz echter Kerl – »Mama, lass mich mal« – kompetent und beherzt den Part des Pfadfinders, und gottlob kommen wir sogar an, bevor unsere wartenden Freunde verhungert sind. Wir essen, lachen, trinken köstlichen Wein aus der Region. Das hat zur Konsequenz, dass ich Max zu später Stunde bitte, nach Hause zu fahren.

»Aber ich habe gar keinen Führerschein dabei. Und ein paar Schluck Bier aus Constantyns Glas getrunken! Darf ich überhaupt einen Leihwagen fahren?«, wirft er zu Recht ein. »Was ist, wenn uns die Polizei anhält?«

»Ach, Polizei«, winkt Constantyn ab. »Das ist uns in zehn Jahren ein einziges Mal passiert, als wir zu schnell eine Baustelle passiert haben. Ist total unwahrscheinlich.«

Im total unwahrscheinlichen Fall, dass so etwas passiert, empfiehlt er mir, mit den Wimpern zu klimpern, meinen Charme spielen zu lassen und kein Italienisch mehr zu können. Das würde die Chance auf freien Abzug vervielfachen, wenn nicht sogar garantieren.

Der absolut total unwahrscheinliche Fall tritt 15 Minuten später ein. Wir tanken und werden gleich an der Ausfahrt der Tankstelle von der Polizei angehalten.

»I documenti per favore«, befiehlt ein junger Mann im feschen Carabinieri-Outfit.

Max stammelt nervös: »Sprechen Espanol?«

Ich unterdrücke ein Lachen, sortiere im Geist meine Wimpern und rufe vom Beifahrersitz: »Er hat keinen Führerschein dabei, aber ich!« und zücke stolz meine Fahrberechtigung.

Der Carabiniere insistiert und fragt in der Hoffnung auf eine Möglichkeit der Kommunikation in der meistgesprochenen Sprache der Welt: »Parla inglese?«

»Wir sind Deutsche, deutsch«, strahle ich ihn an und versuche sehr mit den (leider ungetuschten) Wimpern zu klimpern.

Schon leicht entnervt dreht der junge Polizist sich zu seinem älteren Kollegen um: »Sono turisti. Non parlano né italiano né inglese. Non capiscono niente.« (»Das sind Touristen. Sprechen kein Italienisch und kein Englisch. Die raffen gar nix.«)

Der Kollege zieht die Augenbrauen missbilligend hoch und denkt wahrscheinlich vollkommen zu Recht: »Was für dämliche Deutsche.« Dann winkt er uns müde weiter.

Maximilian muss sich erst mal beruhigen. »Mensch, Mama, wie cool sind die denn! Ich bin in der Probezeit. Mein Führerschein hätte weg sein können!«

»Ja, ja«, sage ich ein bisschen stolz auf die entspannten Bewohner der Appeninhalbinsel. »Das ist eben Italien. Die halten sich mit solchen Lappalien nicht auf, ist viel zu anstrengend, sich mit so dödeligen Touristen abzugeben, wenn nichts Gravierendes passiert ist.«

Doch das kleine Abenteuer ist noch nicht vorbei. Wäre bei uns Unglücksraben auch ein Wunder gewesen. Der zweite absolut total unwahrscheinliche Fall tritt nach vierzig Kilometern ein. Inzwischen ist es stockfinster, wir haben uns – oh Wunder – total verfahren und steuern auf eine Mautstation zu. Da Max die Parole »Geld sparen« verinnerlicht hat, lehnt er es natürlich ab, Straßenbenutzungsgebühren zu zahlen. Er dreht im Kreisverkehr (!) um und fährt zurück.

Da warten schon zwei Polizeiautos, die wir wohl leider übersehen haben. Ich drehe die Scheibe runter, und noch ehe der Beamte etwas sagen kann, reiße ich das Navi aus der Halterung und halte es ihm jammernd und wimpernklimpernd unter die Nase: »Wir suchen Amelia, die Stadt Amelia. Wir haben uns verirrt«, sage ich mit weinerlicher Stimme auf Deutsch.

Natürlich kann ein italienischer Polizist, der etwas auf sich hält, eine offenbar hilflose Dame nebst Kindern in tiefdunkler Nacht an einem namenlosen Kreisverkehr nicht ihrer Verzweiflung überlassen. Sofort ruft er einen seiner Kollegen, fragt ihn: »Tu sai dov' è Amelia?«, worauf der beflissene Polizist über Funk an sämtliche Kollegen die Anfrage sendet.

Anscheinend weiß niemand, wo das idyllische Städtchen Amelia liegt. Einige Minuten später erklärt er uns dann freundlich doch die Richtung. Mit überschwänglichen (deutschen) Dankesworten verabschieden wir uns. Max düst wei-

ter, und wir prusten los. Das gibt's doch nicht! Wie kann man
bitte schön zweimal an einem Abend angehalten werden? Ty-
pisch Krämers! Mein Sohn ist fassungslos über die Großzü-
gigkeit italienischer Polizisten und denkt ernsthaft über den
Wechsel seiner Staatsbürgerschaft nach.

»Mama, in Deutschland ohne Führerschein fahren und
im Kreisverkehr wenden – und das noch als Ausländer im
Teenageralter. Die hätten mich sofort aus dem Auto geholt!«

Ich bin auch wieder völlig begeistert von der italienischen
Leichtigkeit und Toleranz gegenüber depperten Ausländern,
als wir nach zehn Kilometern merken, dass wir uns Rom nähern. Es führen zwar bekanntlich alle Wege nach Rom, aber
die Exekutive des italienischen Staates hat uns offenbar bedauerlicherweise in die falsche Richtung geschickt. Parallel
läutet das Mobiltelefon, die besorgte Angelika fragt, wo wir
denn blieben. Sie säßen auf der Terrasse und würden auf uns
warten. Ob uns etwas passiert sei?

Als wir fast eine Stunde später endlich ankommen, schiebt
Constantyn meinem Filius erst mal ein Glas Orvieto hin.
Mein Sohn trinkt es in einem Zug aus – mit einem Hoch auf
die italienische Polizei.

An den folgenden Abenden kochen wir gemeinsam und
teilen die Einkäufe, oder wir gehen ins benachbarte Dorf eine
Pizza essen. Die ist doppelt so groß wie der Teller und kostet
ganze 6,50 Euro.

Schweren Herzens müssen wir nach acht Tagen die idyllische Casa und unsere Freunde und Gastgeber verlassen. Da
unser Flug sehr früh geht und ich nicht morgens um drei los-
fahren möchte, buche ich ein Airbnb in Fiumincino in der
Nähe des Flughafens. Nach der idyllischen Unterkunft bei
Angelika ist das barackenähnliche Zimmer dort recht nahe
am Tiefpunkt in meiner persönlichen Skala von Urlaubs-
Übernachtungen. Allerdings noch unterboten von dem Etab-

lissement, das mein Exfreund Klaus einst in Sardinien für uns auserkoren hatte. Nach Klaus' in perfektem Italienisch vorgebrachter Anfrage nach einer Übernachtungsmöglichkeit beschied uns der »Concierge« – ein etwa zehn Jahre alter Junge – positiv. Er bat uns, draußen zu warten. Dort standen bzw. hockten wir dann neben unseren Rucksäcken über eine Stunde lang in der glühenden Hitze, bis das Zimmer frei wurde und man uns aufforderte, unten an der Treppe zu warten – dort kam eine Frau mit verwischtem Make-up und Bettwäsche unterm Arm herunter, gefolgt von einem Herrn, der an seiner Hose nestelte. Die »Pension« diente offensichtlich auch als Stundenhotel. Wir nahmen es mit Humor, aber vielleicht läutete das den Beginn vom Ende meiner ohnehin eher schwierigen Beziehung zu Klaus ein. Wir waren zwar Studenten und hatten kaum bis gar kein Geld. Aber eine Unterkunft im Aushilfs-Puff war doch eine Zumutung, auf die ein wahrer Gentleman egal welchen Alters und welcher Gehaltsklasse verzichtet hätte.

Hier in Fiumicino müssen wir nur ein paar Stunden bleiben, um 5.30 Uhr klingelt der Wecker. An Schlaf ist jedoch nicht zu denken: Ich habe das Gefühl, alle paar Minuten wackelt die Bude und die ohrenbetäubend lauten Flugzeuge vom nahen Flughafen landen nebenan im Bad.

Ich ahne nicht, dass ich mich an dieses Geräusch besser schon mal gewöhnen sollte.

Hunde sind auch nur Menschen

Urlaub ist was Feines. Bis man nach der Rückreise die Haustür der heimischen Bleibe wieder hinter sich zumacht und die Koffer ausgepackt hat. Dann liegt auf der einen Seite ein riesiger Berg Post nebst Werbebroschüren und Anzeigenblättchen. Auf der anderen Seite der obligatorische Haufen schmutziger Urlaubswäsche. Letzterer kann mich nicht erschüttern, Ersterer schon. Es gibt ja so Briefumschläge, da weiß man schon: Da ist was FURCHTBARES drin. Solche Briefe bekommt der normale Bürger eher selten im Leben, manche nie, andere öfter. Es gibt aber Bürger, die bekommen davon gleich mehrere auf einmal. Dazu zähle ich. Die Absender lauten dann Landgericht Düsseldorf, Anwaltskanzlei XY oder GV Soundso. GV heißt Gerichtsvollzieher – nicht, was man jetzt vielleicht auch denken könnte.

Noch bevor ich den ersten Brief öffne, ist die Erholung flöten und ich bekomme wie so oft beim Öffnen der Post in den letzten Monaten heftiges Herzklopfen. Heiße Angst steigt in mir hoch. Ich verfluche der Reihe nach meinem Mann, einer lustigen Witwe und meinem Hund die Knochen. Denn ich ahne, da kommt nichts Gutes.

Doch mein Mann und die lustige Frau können ausnahmsweise mal nichts dafür. Sondern Dexter, der kleine Münsterländer, der seine prägende Phase als Welpe leider nicht kindgerecht verbringen durfte und daher manchmal etwas verhaltensauffällig ist, wenn er sein Rudel oder seine Latifundien bedroht sieht. Zu der Zeit, als Kriminalpolizisten unser Haus durchsuchten, Gerichtsvollzieher mich beinahe um den Verstand brachten und der Briefträger nur grauenvolle Anwaltspost brachte, war er erst ein paar Monate alt. Und damals lernte er: »Jeder, der fremd ist, das Haus betritt oder meinem Frauchen zu nahe kommt, ist böse, denn die hat dann immer Herzklopfen und Angst. Das rieche ich doch. Deswegen muss ich sie ganz doll beschützen und gegen die ganze Welt verteidigen. Vor allem, wenn diese Welt ihr zu nahe kommt und nicht nett zu ihr ist.« Und er hat dank der Gerichtsvollzieher auch gelernt, dass es ganz schlimm ist, wenn einem Sachen weggenommen werden. Die muss man umgehend wiederbeschaffen.

Der Hund nimmt seine Aufgabe ernst. Sehr ernst. So hat er vor knapp einem Jahr am Rhein im Gerangel um ein Hunde-Spielzeug einer Dame, die das Bällchen vor Dexter verteidigte und ihren Hund nebst dem Spielzeug auf ihrem Arm festhielt, in eben diesen Arm geschnappt. Nun arbeite ich mich also durch den postferialen Post-Mount-Everest und bekomme wie gesagt Herzrasen bei den Absendern: Der eine Brief ist vom Amtsgericht, der andere vom Ordnungsamt. Und noch eine Karte, dass ich was bei der Post abholen muss. Das sind in den letzten Monaten meistens Einschreiben sehr, sehr unschöner Natur gewesen. Der Brief vom Amtsgericht offenbart, dass die Dame vom Rhein nach fast zehn Monaten 4000 Euro Schmerzensgeld einklagt. Ich bin gelinde gesagt irritiert: Die eigentlich ausgesprochen nette und sympathische Frau wohnt um die Ecke, hat meine Telefonnummer, ich habe ihr seinerzeit entschuldigend geschrieben, mehrmals gesmst, ein Geschenk vor die Türe gelegt und natürlich die Versicherung sofort verständigt und alle erforderlichen Unterlagen eingereicht. Und der Hund wanderte lange Zeit wieder zur Erziehung in die Hundeschule. Wenn etwas nicht richtig lief – kann man nicht erst mal anrufen? Das passt gar nicht zu ihr. Das muss ein Missverständnis sein. Gab es womöglich ein Kommunikationsproblem mit der Versicherung? Das vermute ich, aber warum auch immer: Ihr Rechtsvertreter möchte vor Gericht ziehen. Das fehlt mir noch. Eigentlich habe ich Baustellen genug.

Das Schreiben vom Ordnungsamt beordert mich zur Begutachtung des Hundes zum Veterinäramt. Ein etwas verhaltensauffälliger Fahrradfahrer, der mich bedrohlich angeschrien hatte und dafür mit dem angeleinten Dexter nähere Bekanntschaft gemacht hat, hat mich angezeigt. Der Hund hatte ihn zuvor verfolgt, obwohl er das sonst nicht macht. Am Rhein fahren ja täglich Dutzende Radler an uns vorbei.

Einige Wochen später marschiere ich also mit meinem Münsterländer zum Termin dorthin. Der Hund soll vom Chef persönlich in Augenschein genommen werden. Ich sende Stoßgebete zum Himmel, dass im Amtsgebäude niemand mit quietschenden Karren mit der Hauspost herumläuft (Dexter hasst Gequietsche) oder ein anderer Rüde unseren Weg kreuzt. An der Leine ist das nämlich nicht immer so ganz nach Dexters Gusto, weil er sich eingeengt und bedroht fühlt. Wie die meisten unkastrierten männlichen Vierbeiner.

Ich habe das Amt mit Dexter an der Leine kaum betreten, da galoppiert uns auf dem Flur ein äußerst stattlicher Magyar Vizsla – ein ungarischer Vorstehhund – entgegen. Ich rufe mit leichter Panik in der Stimme in den leeren Flur: »Ist das ein Rüde?«, und aus einem hinteren Büro antwortet es gut gelaunt: »Ja-ha!« Am liebsten würde ich sofort die Kurve kratzen, doch was macht mein vierbeiniger Wildfang? Wedelt wie wild mit dem Schwänzchen, wuselt hocherfreut um den anderen Rüden herum, und ein fröhliches Geschnuppere am jeweils anderen Hinterteil hebt an, bis die Leine sich durch alle acht Beine verknotet hat.

Erleichtert befreie ich die beiden und klopfe beim Herrn Dr. vet., dem Leiter der Abteilung, an, doch er ist noch nicht da. Wir zwei warten in seinem Büro. Als der fremde Mann hereinkommt, dasselbe Szenario: Nix knurren. Dexter wedelt freudig mit dem Schwanz, schnuppert ausgiebig die Schuhe des Herrn ab, lässt sich genüsslich kraulen und kauert sich dann unter unseren Tisch, während ich die Fragen des Tier-Fachmannes beantworte.

Dann platzt unverhofft eine Reinigungskraft herein, die eine vollbeladene Karre mit ihren Putzutensilien vor sich herschiebt. Oh nein! Ich sehe Dexter schon hervorsprinten und den Eindringling anmotzen. Doch was macht der Köter? Guckt kurz hoch und döst weiter.

Der Arzt blättert in den Formularen hin und her, guckt mich an, guckt den Hund an, dann meint er: »Was mache ich denn jetzt mit Ihnen? Ich kann doch keinen Leinen- oder Maulkorbzwang anordnen. Der ist total friedlich und hat Sie nur beschützen wollen. Er hat sich artgerecht verhalten.«

Äußerst misstrauisch betrachtet er ein Foto, das der Fahrradfahrer geschickt hat und eine seltsam geformte Wunde zeigt, die nach dem Dafürhalten des Arztes und auch dem seiner Kollegen schwerlich von einem Hund stammen kann.

Ein Jahr später sehe ich, warum der Hund ausgerechnet diesen Herrn verfolgt hatte: Das Tier hat zweifelsohne Menschenkenntnis! Er ahnte wohl, dass dieser Radfahrer etwas Besonderes ist, nämlich dahingehend, dass er mich seitdem beobachtet und bei »verdächtigem« Verhalten meinerseits beim Ordungsamt umgehend Meldung macht – ich durfte nämlich im Amt meines neuen Wohnsitzes Akteneinsicht nehmen und bin äußerst erstaunt darüber, was wohlmeinende Bürger so alles anzeigen, so zum Beispiel: »Ich habe Frau Krämer in einem Fernsehbeitrag mit ihrem Hund gesehen – und der Hund war nicht angeleint! Das muss man dem Sender doch sagen, was das für einer ist, dieser Hund!«

Darüber kann ich lächeln, doch verärgert bin ich darüber, wie manche Beamte reagieren und den »Leumund« der Tierhalter nach solchen Denunzierungen undercover »überprüfen«. Bei mir stand in der Akte als erste Charakterisierung nicht etwa, dass ich eine unbescholtene Bürgerin, Autorin oder Mutter bin, sondern sinngemäß: »Sie ist die Frau des inhaftierten und verurteilten Betrügers Bernhard Krämer.« Das sagt ja wohl alles. Dank dieses emsigen Radfahrers muss Dexter zwölf Monate später (!) am neuen Wohnort Maulkorb tragen. Was der Amtsarzt in Düsseldorf befunden hatte, zählt hier nicht.

Dann liegt ja noch die Abholkarte von der Post auf meinem Urlaubs-Briefberg. Ich fahre in Erwartung eines Einschreibens mit dem Fahrrad zur Postfiliale. Doch zu meinem Erstaunen zieht der Beamte keinen gelben Umschlag aus dem Regal, sondern schleppt aus dem hinteren Lagerraum einen riesigen Karton an. Du meine Güte – wie bekomme ich den denn transportiert? Aber die Erleichterung über diese schöne Überraschung überwiegt logistische Probleme. Ich packe die Kiste auf den Gepäckträger und schiebe mein Rad.

Der Absender sagt mir nichts – eine Firma in München. Zu Hause schneide ich den Karton ungeduldig auf. Feinstes, lilafarbenes Seidenpapier kommt zum Vorschein – darin eingewickelt ein traumhaftes schwarzes Cocktailkleid und eine wunderschöne passende Clutch aus farbigem Holz. Eine Karte liegt dabei:

»Wir haben dieses Kleid auf dem Laufsteg gesehen und wussten: Das ist für dich! Dein Adrian und Johnny«

Ich kann es nicht fassen. Seit Jahren kenne ich das Münchner Designerpaar und mochte ihre Kreationen immer außerordentlich gerne – vor allem die Kleider, die jenseits modischer Kurzzeit-Schlager jahrelang ihre selbstverständliche Eleganz und Tragbarkeit behalten. Nun schenken sie mir einfach eines dieser wunderbaren Teile! Ich bekomme mich kaum ein vor Freude und schlüpfe hinein. Es sitzt perfekt.

Seitdem sehe ich dem Briefträger ein bisschen gelassener entgegen.

HERBST 2015

Vor Gericht und auf hoher See ...

In den ersten Novembertagen werde ich zunehmend nervöser. Das Urteil in meiner Klage um mein gepfändetes Bild steht an. Ich habe das Werk vor einigen Jahren von meinem eigenen Geld erworben. Dies von einer Firma, an der Bernhard beteiligt war. Anhand von Dokumenten wurde einwandfrei belegt, dass es mein eigenes Kapital war. Neben diesem Kapitalnachweis wurde ebenfalls dokumentiert, dass die Firma, an der mein Mann beteiligt war, das Bild bei einer Galerie erworben hatte. Auch ist dokumentiert, dass ich den Kaufpreis bis auf eine geringe Restsumme komplett bezahlt habe.

Da geht man als Laie davon aus: Wenn ich mit meinem Geld etwas kaufe, bin ich der Eigentümer. Auch mehrere Zeugen – darunter der Galerist und die Ehefrau des Künstlers – sagten wahrheitsgemäß aus, dass das Werk mir gehöre. Aber nein: So absurd es klingen mag – man hat mir das Bild aus dem Haus geschleppt, da mein Mann offiziell dort wohnte und man daher davon ausging, es sei sein Eigentum. Dies trotz Dokumenten wie Rechnungen, Überweisungen und Kapitalnachweisen, die mein Rechtsvertreter dem Gericht in der Verhandlung im Original vorlegte. Ich habe es immer noch nicht wirklich verstanden, denn mein Geld ist ja eindeutig weg und das Bild nun auch.

Der Anwalt der Erben verschickte dann im Zuge meiner Klage Schriftsätze mit Unterstellungen; unter anderem behauptete ein dubioser Zeuge, ich hätte einen Oldtimer versteckt und zum Kauf angeboten – dabei war er für jeden zugänglich von einem Mitarbeiter in einem Autohaus geparkt worden, weil wir keine Garage haben, und ich hatte nicht mal die Papiere des Wagens. Ebenso wurde vom gegnerischen Anwalt formuliert, ich hätte möglicherweise – wie das im Hause Krämer seiner Ansicht nach so üblich war – Papiere über den

Erwerb des Bildes gefälscht. All dies konnte widerlegt werden, sodass man vernünftigerweise und an das Rechtssystem glaubend vermuten könnte, dass ich den Prozess gewinne. Doch aufgrund der Verfahren gegen meinen Ehemann bin ich nicht ganz so optimistisch. Jedes Gericht ist im Rahmen der Gesetze in seiner Beweis- und Zeugenwürdigung frei. Sie kann, wie Juristen wissen, unvollständig, schief oder – wie es eine Anwältin des BGH formuliert – »gewagt« ausfallen. Aber sie ist rechtens.

Dass Rechthaben noch lange nicht heißt, dass man Recht bekommt, haben mir meine Anwälte ohnehin schon von Beginn an gesagt. Ich habe denselben Richter des Landgerichts, der meinen Mann nach nur einem Verhandlungstag ohne Zeugenvernehmung zu Schadensersatz verurteilt hat. Termine in meinem Verfahren wurden verschoben, sodass es sich länger hinzog und ich keine Chance hatte, durch die Veräußerung meines Bildes unser Haus zu behalten. Ich würde gerne einen Befangenheitsantrag stellen, damit ich entgegen der Strategie des gegnerischen Anwalts losgelöst von Bernhard wahrgenommen werden kann, doch meine Anwälte halten dies für unklug. Die Zeitungen berichten natürlich auch über diesen Prozess, doch anders als bei meinem Gatten ist hier der Tenor, dass ich aufgrund der Papiere und der Zeugenaussagen tadellos beleumdeter Menschen gewinnen werde.

Nun steht das Urteil an. Ich gehe wie bisher bei den Zivilverhandlungen wegen der zu erwartenden Presse-Aufmerksamkeit nicht zum Gericht und sitze den halben Vormittag regungslos am Küchentisch, bin wie paralysiert. Mein Mund ist trocken, mir ist leicht übel. Ich bin nicht einmal in der Lage, den Hund zu streicheln, der mich mit treuem Blick und schwanzwedelnd aufmuntern will.

Das Telefon läutet. Einmal, zweimal, dreimal. Ich sehe, dass es mein Anwalt ist. Ich traue mich kaum, dranzugehen. Ich hebe ab, meine Hand zittert. Als ich die Stimme höre, mit der er »Hallo Frau Krämer« sagt, weiß ich: Wir haben verloren. Seine Stimme ist tonlos, er spricht stockend, hat die Nachricht wohl selbst noch nicht verdaut.

Ich lege nach wenigen Sekunden auf und breche weinend vor dem Tisch zusammen. Wie ist so ein himmelschreiendes Unrecht möglich? Wie kann ein Gericht so urteilen? Was ist das für ein Rechtsstaat? Ich bin verzweifelt, fassungslos, bestürzt.

Doch welch schöner Triumph für die Gegenseite: Ihr von Bernhards Verteidiger öffentlich so bezeichneter »Existenzvernichtungsfeldzug«[3] geht dank dieses Urteils weiter.

Nach längerer Wartezeit kommt das schriftliche Urteil. Als ich es lese, kann ich mit dem Kopfschütteln nicht mehr aufhören: Der Richter greift das Vorbringen des gegnerischen Anwalts über Autoverkäufe und selbst gebastelte Papiere auf (beides wurde widerlegt), Zeugen wie die Ehefrau des Künstlers werden als unglaubwürdig hingestellt. Dieser mich sehr befremdende Umstand klärt sich nach zwei Wochen: Denn erst dann wird meinen Anwälten ein weiterer Schriftsatz der Gegner weitergeleitet, der diese mich in ein dubioses Licht setzenden Mutmaßungen wiederholt. Doch bei Gericht traf er erstaunlicherweise viel früher ein – nämlich VOR der Urteilsfällung. Er wurde aber nicht weitergeleitet, sodass meine Rechtsvertreter gar nicht darauf reagieren und sich wehren konnten. An sich schon kaum zu glauben, doch der Richter geht auf die dort erneut aufgestellten diskreditierenden Behauptungen ein. Wie gesagt, ich bin nur ein Laie, doch ich finde das alles derart unglaublich, dass mir die Worte fehlen (das will was heißen). Lag ich mit meiner Einschätzung also richtig? Das ist ein solch beängstigender Gedanke, dass ich versuche, ihn sofort abzuschalten.

---

[3] Welt, 10.11.2014.

Meine Wäsche kennt jetzt jeder

Wenig später soll mein Buch erscheinen, sowohl gedruckt und – ergänzt durch Fotos – auch als E-Book. In Anspielung auf wiederholte Hausdurchsuchungen durch Staatsanwaltschaft und Gerichtsvollzieher sowie das schmutzige Wäsche waschende Gerede einiger Leute lautet der Titel: »Mein Wäsche kennt jetzt jeder«.

Das Manuskript geht kurz zuvor per Mail an diverse Medienvertreter. Damit verbunden ist wie bei jeder Buchveröffentlichung die übliche Sperrfrist, an die sich alle Medien halten, sodass die interessierten Berichterstatter genug Zeit zum Lesen haben und die Buchbesprechungen erst ab dem Erscheinungstag des Buches veröffentlicht werden dürfen. Keiner soll bevorzugt werden.

Der Vertriebsleiter des Verlags und seine Mitarbeiter erhalten mehrere Anrufe von jemandem mit unterdrückter Nummer. Er möchte das Skript, gibt jedoch nicht an, für welches Medium er arbeitet. Den Mitarbeitern und mir dämmert, wer da probiert, vor Erscheinen an mein Buch zu kommen. Versuchen kann man es ja mal. Das klappt allerdings nicht. Da einige Verfahren noch laufen und ich den verstorbenen Erben mochte, schreibe ich über viele interne Dinge ohnehin nicht – auch nicht über die Witwe.

Die Presse bringt im Vorfeld Titel wie:

WIE INTIM WIRD FRAU KRÄMERS BUCH?

Ich befinde mich in sehr großer Anspannung. Die Verlegerin sagte mir schon vor Wochen: »Du weißt schon – mit diesem Buch machst du dich blank. Mach dich auf alles gefasst.«

Was ist, wenn das Werk zerrissen wird? Wenn ich mich mit dem Erzählten lächerlich mache, denn es gibt viel schlimmere und endgültigere Schicksale als unseres? Was, wenn die Leser es uninteressant und langweilig finden? Was, wenn man mit Häme und Schadenfreude über mich herfällt? An Schlaf ist Tage vor der Publikation noch weniger als sonst zu denken, ich laufe wie ein nervöser Zippel durch die Gegend.

Mittwochnachmittag klingelt es unverhofft – das ist etwas, was uns alle immer noch erschreckt, denn wir haben zu oft erlebt, dass unangemeldete Besucher äußerst unangenehm sein können – Gerichtsvollzieher, Postboten mit Einschreiben und Kripo-Beamte beispielsweise.

Doch vor der Haustür steht meine Verlegerin. Sie strahlt. Sie streckt mir das erste gedruckte Buch entgegen. Ich kann es nur kurz sprachlos vor Freude und Staunen in Händen halten, da schnappt Lili es sich, hüpft juchzend durch den Flur und verschwindet damit in ihrer Leseecke. Ich grinse über das ganze Gesicht. Trotz aller Befürchtungen vor der Veröffentlichung bin ich erleichtert: Egal, was kommt – ich habe gesagt, was zu sagen ist, und mich auf meine Art gewehrt:

Ich habe erzählt, wie es einer Familie in den Fängen der Justiz und profitorientierter Anwälte mit einer meiner Meinung nach nicht nur aus finanziellen Gründen unerbittlichen, sehr reichen Gegnerin ergeht. Wie es ist, wenn die Welt von heute auf morgen zusammenbricht, sich der langjährige Gatte als kriminell entpuppt und im Gefängnis in eine neue Welt abtaucht. Und ich habe berichtet, wie es ist, wenn dies alles auf dem öffentlichen Präsentierteller geschieht. Jetzt habe ich selbst mal diesen Teller gefüllt. Über ein Jahr lang wurde unendlich viel über den Fall berichtet und geredet. Nun habe ich selbst geschrieben.

Da der Buchverlag aus einem Missverständnis heraus einer Zeitung erlaubt, einen Tag vor allen anderen mit einer Rezension zu erscheinen, möchte man zunächst auf eine größere offizielle Buchvorstellung und die damit verbundene

Pressekonferenz verzichten. Das Thema sei am nächsten Tag womöglich nicht mehr aktuell und daher erwarte man bei einer Buchvorstellung kaum Teilnehmer. Meine Verlegerin und ich raten dennoch dazu. Als Ort wählen wir das KIT, ein Ausstellungshaus der Kunsthalle für zeitgenössische Kunst – das passt perfekt.

Als ich eine Viertelstunde vor dem Termin dort mit dem Fahrrad ankomme, muss ich schlucken. Ein Tisch mit Mikrofonen ist aufgebaut, darauf aus meinem Buch gestapelte Büchertürme. Es fühlt sich nach allem, was in den letzten Monaten geschehen ist, unwirklich an. Die ersten Journalisten und Radioreporter kommen, Fotografen und Kamerateams. Der Raum füllt sich schnell. Ich kann es immer noch nicht realisieren: Habe ich es wirklich geschafft? Liegen hier tatsächlich meine in jeder freien Minute ins Laptop getippten Erlebnisse und Empfindungen auf 224 Seiten gedruckt, gebunden und gestapelt auf dem Tisch?

Auf dem Cover schaut mich mein Konterfei an und sagt: Ja. Das hast du geschafft.

Es ist für mich ungewohnt, als Hauptperson allein auf dieser Seite des Tisches zu stehen – als Journalistin stand ich auf der anderen Seite. Nun beantworte ich Fragen, spreche in dicke Mikrofone, lächle für die Fotografen und stehe vor laufender Kamera Rede und Antwort.

Und ich signiere meine Bücher. Es ist der erste Tag seit 17 Monaten, an dem ich froh und erleichtert bin. Und auch ein bisschen stolz. Ich sollte diesen Tag genießen. Es wird für lange Zeit der letzte frohe sein.

Der Verlag hat in der ersten Auflage wenige Tausend Exemplare gedruckt. Das ist üblich, zumal bei einem Erstlingswerk, dessen Käufer man vor allem in der nahen Region und der Kunstszene verortet. Das Buch wird in vielen Medien besprochen. Schadenfrohe, hämische Kommentare im Internet bleiben nicht aus. Natürlich alle im Schutz der Anonymität und oft von Menschen, die das Buch nach eigener Aussage nicht gelesen haben. Sich aber offenbar freuen, wenn es eine »von oben« so trifft.

Nach einer Woche muss eine zweite Auflage gedruckt werden, nach vier Wochen eine dritte. Es geht so schnell, dass nicht mal die kleinen Schreibfehler, die man trotz vielfacher Kontrolle noch finden kann, korrigiert werden können. Ich werde in Fernsehsendungen eingeladen und kann das alles kaum realisieren. Sitze ich jetzt wirklich vor dem hell erleuchteten Spiegel in einer Kölner Produktionsfirma und werde geschminkt, um gleich live in der Talkshow von Bettina Böttinger aufzutreten? Begebe ich mich drei Wochen später tatsächlich mit meiner Verlegerin nach Baden-Baden zur Talk-Sendung »Nachtcafé« des SWR? Es fühlt sich unwirklich an.

Samstags fahre ich in die Autowaschanlage. Ich teile mir den Wagen mit meinem Sohn. Meistens fährt er ihn. Dies hat zur Folge, dass nicht nur der äußere, sondern auch der innere Zustand des Autos in hygienischer Hinsicht nicht immer unbedenklich ist – wäre das Wageninnere eine Kneipe oder ein Restaurant, müsste definitiv das Ordnungsamt einschreiten. An diesem sonnigen Samstagmorgen beschließe ich daher, an die 30 Euro zu investieren, um bei Mr. Wash umfassende Säuberungsmaßnahmen durchführen zu lassen. Den Luxus gönne ich mir jetzt mal.

Die Schlange vor der Halle für die Innenraumreinigung ist wochenendlich lang. Vor mir stehen fünf Autos. Direkt hinter mir wartet ein blauer Van, die Fahrertür steht weit offen, und heraus schallt Hardrock-Musik. Und zwar so laut, dass man es mit Sicherheit noch auf der A 46 Richtung Wuppertal drei Kilometer weiter hört. Nach fünf Minuten geht es mir und offensichtlich auch den anderen Wartenden auf die Nerven. Die Geschmäcker sind eben verschieden. Ich überlege, auszusteigen und den Fahrer zu bitten, die Musik etwas leiser zu drehen. Ich lasse es dann aber sein, man will ja niemandem zu nahe treten.

Als wir an der Reihe sind, bin ich auch ganz froh: Aus dem Van steigt ein Schrank von Kerl, Lederweste, Glatze, eindrucksvolle Tätowierungen auf dem beachtlichen Bizeps, etwa 1,92 groß. Er steuert zielsicher auf mich zu. Oh weia, hat er mir angesehen, dass ich genervt bin? Packt er mich am Schlafittchen und hält mich an den Monster-Staubsauger? Dann legt er mir zu meinem Schreck die Hand auf die Schulter. Er schaut mich eindringlich an und sagt mit überraschend sanfter Stimme: »Ich habe Sie in der Talkshow auf center-TV gesehen und gerade Ihr Buch gekauft. Sie meistern das alles echt bewundernswert!«

Also, wenn das jetzt kein Zeichen für eine breit gestreute Leserschaft ist, weiß ich es auch nicht. Und ohrenbetäubend lauter Hardrock ist auch nicht sooo schlimm!

Das Buch schafft es als Sachbuch auf die Spiegel-Bestsellerliste. Als ich nachts wie fast immer nicht einschlafen kann, muss ich weinen. Ausnahmsweise vor Freude.

Kollateralschaden: Mitgegangen, mitgefangen, mitgehangen

Als Resonanz auf das Buch erhalte ich viel Post. Es sind aufmunternde Grüße, mutmachende Zeilen, sehr persönliche gute Wünsche und humorvolle Kommentare. (Unvergesslich der auf den Auftritt und Aufzug der Witwe vor Gericht anspielende Vorschlag eines Lesers aus meiner Heimat an der Mosel, man könne »Essen-Rüttenscheid« doch vielleicht in »Essen-Rüschchenscheid« umbenennen.)

Aber es sind auch tief erschütternde Zeilen dabei. Sie erzählen vom Schicksal der Absender, denen Ähnliches widerfahren ist wie uns, nur haben sie nie öffentlich darüber gesprochen, da niemand hinhört. Von der Unerbittlichkeit mancher Staatsanwälte, denen das Schicksal der Hinterbliebenen völlig gleichgültig ist. Von skrupellosen Anwälten, die nur an ihre Honorare denken und jeden Streit anfachen, damit er ja nie endet. Von Richtern, die überarbeitet sind oder Akten nicht genau lesen, weil sie zu wenig Zeit haben[4] oder mit einem der Anwälte »auf einer Linie« liegen; die ihr Urteil schon früh in einer Verhandlung gefällt haben und unser lebendiges Recht sehr weit dehnen. Von Gläubigern, die verschuldeten Frauen Angebote unter der Gürtellinie machen, damit sie sich »frei« kaufen. Ich erfahre von Müttern, die mit ihren Kindern von Insolvenzverwaltern auf die Straße gesetzt wurden, weil das Haus dem verschuldeten Lebenspartner gehörte. Von längst erwachsenen Söhnen, die mitansehen mussten, wie ihre Mütter vor Jahrzehnten an der Bosheit und Ächtung im Dorf zerbrochen sind. Von Töchtern, die noch viele

---

[4] Nach Berechnungen des Dt. Richterbundes fehlten 2016 deutschlandweit bis zu 2000 Richter und Staatsanwälte, also zehn Prozent des notwendigen Personals. Allein in NRW 800, RP, 13.1.2017.

Jahre nach dem Verlust aller Sicherheit psychologische Hilfe brauchen, weil der Vater weggesperrt wurde und niemand da war, der für die Familie sorgen konnte. Von Kindern, die sich weigerten, zur Schule zu gehen, weil sie gehänselt wurden und sich unendlich schämten. Von Kleinstunternehmen, die ruiniert waren, nachdem der Eigentümer zu Unrecht monatelang in Haft genommen worden war.

Es sind Dokumente schreiender Ungerechtigkeit, vor allem den Angehörigen gegenüber. Egal, ob das vorgeworfene Vergehen Brandstiftung, Mord, Betrug, Steuerhinterziehung oder Erpressung war. Egal, ob der Beklagte am Ende verurteilt wurde oder nicht.

Aber wie soll man sich wehren, wenn man kein Geld mehr hat? Wenn man sich schämt? Wenn man vor Angst gelähmt ist? Wer hilft den Angehörigen?

Niemand.

All diese Menschen drücken aus, dass sie sich freuen: Ihnen sei eine Stimme verliehen worden, auch wenn sich am System so schnell nichts ändern lässt. Auch wenn Neid und Häme Eigenschaften sind, die unsere Gesellschaft durchdringen. Sie schreiben mir: Endlich erzählt jemand, was unbeteiligten, unschuldigen Partnern und Kindern passieren kann, wenn jemand beschuldigt oder verhaftet wird und von heute auf morgen alles weg ist. Wenn man unmenschlichen oder gierigen Justizvertretern fassungslos gegenübersteht.

Niemand denkt an sie, niemand schreibt über sie. Sie sind Kollateralschäden. Man ist halt selbst schuld, wenn man solch einen Ehemann, Partner, Vater hat. Sippenhaft ist noch lange kein Fremdwort in Teilen unseres Staates, unserer Justiz und unserer Gesellschaft. Natürlich gibt es sie noch. Es wird ihr nur irgendein Tarnmäntelchen-Name umgehängt; manchmal wird sie gar als »Gerechtigkeit« verkauft.

Das Hobby der Erben

Und dann, fast einen Monat nach dem Erscheinen des Buches, kommt sie. Sie, auf die wir schon gewartet haben und mit der wir nach so langer Zeit doch nicht mehr rechneten. Sie, die zu unserer Verwunderung bislang ausblieb. Sie – das ist die Abmahnung durch den Anwalt der Witwe. Also der Versuch, Teile des Buches verbieten zu lassen oder – wie es ein Frauenmagazin ausdrückt – mich mundtot zu machen.

Die Briefe mit der Abmahnung werden parallel gesendet an: den über 80-jährigen Senior-Verleger des Hauses, den Geschäftsführer, den Verlagsleiter und natürlich an mich sowie an den mittellosen Bernhard ins Gefängnis. Sie kommen, wie sich das gehört, in den gelben Erschreck-dich-gefälligst-tüchtig-Umschlägen und werden vom Gerichtsvollzieher oder einem Boten zugestellt. Das machen – so sagt man mir – manche Anwälte absichtlich, damit der Schock größer ist. Bei mir gelingt dies. Denn als Gerichtsvollzieher-traumatisierter Mensch rutscht mir beim Anblick dieser gelben Briefe das Herz in die Hose. Natürlich auch jetzt. Und als ich zitternd und mit verkrampftem Bauch den Umschlag öffne und schon wieder heulen muss, weiß ich: Da freut sich bestimmt jemand, wenn ich so reagiere. Also stelle ich das Zittern und Heulen umgehend ein.

Die Schreiben kommen erstaunlich knapp vor Ablauf der einmonatigen Einspruchsfrist – vielleicht, so mutmaßt ein Anwalt, brauchte jemand so lange, um die vielen Seiten zu lesen. Der Streitwert wegen angeblicher Verletzung der Persönlichkeitsrechte wird mit 150.000 Euro angesetzt.

Während ich mich noch über die späte Reaktion wundere, ärgere ich mich über mich selbst: Ich bin sogar schonend und verständnisvoll mit der Witwe umgegangen, da sie mir in gewisser Weise leid tut. Ich habe nichts erzählt von dem, was ich persönlich Unfassbares erlebt habe. Ich habe auch nicht geschrieben, was ich bei ihrer Vernehmung vor Gericht empfand: Nach ihren durchaus unterhaltsamen Aussagen, die nicht wenige Zuhörer im Gerichtssaal zum Lachen animierten, musste ich in Kenntnis einiger Vorkommnisse schwer schlucken, als der Teil »trauernde Witwe« lief. Ihr Anwalt – ich saß hinter ihm und seiner rüschenbeblusten Mandantin und konnte es beobachten – saß in engem Kontakt neben ihr. Sie antwortete sicherlich im Sinne ihres Rechtsvertreters auf die einfach formulierten Fragen des Richters. Sie hatte zwar Erinnerungslücken, aber an die Höhe der Provison von drei Prozent bei Oldtimergeschäften, und dass sie diese angeblich mit Bernhard besprochen hätte, erinnerte sie sich ganz genau. Dies erachtete das Gericht als glaubwürdig.

Bedauerlich, dass Zeugenaussagen so unterschiedlich gewürdigt werden. In diesem Fall und auch in meinem.

Je länger ich mir den Brief und die Summe anschaue, desto wütender werde ich: Glauben sie wirklich, mich kleinzukriegen? Mein Hund trägt einen Maulkorb, ich lasse mir keinen verpassen.

Doch dann muss ich trotz des Schreckens ein klitzekleines bisschen schmunzeln, denn ich ahne: Das wird zusätzliche Publicity für mein Buch. Ausgerechnet einige Aussagen der Passagen, die man streichen lassen will, werden dann von der Presse wörtlich aufgegriffen:[5] Es geht um eine von mir nie behauptete Sache meinen Mann betreffend und um in den Medien all die Monate zuvor bereits mehrmals breitgewalzte Themen wie Erbschaftssteuerbelange, Hass, Gier und den Vernichtungsfeldzug der Witwe.[6] Bislang waren die vielen über Monate erscheinenden Schlagzeilen über den Fall Krä-

---

[5] U.a. Bild, 15. und 16.12.2015, »Diese Passagen will die Witwe schwärzen lassen«, »Es geht um Betrug, Geld und ...«.

mer für uns sehr bedrückend gewesen – aber nun freue ich mich ausnahmsweise mal darüber. Die Witwe und ihr Anwalt sorgen nicht nur dafür, dass deutsche Gerichte unter keinen Umständen beschäftigungslos werden. Sie übernehmen auch noch die weitere PR für mein Buch.

DAS HOBBY DER ERBEN – KRÄMERS VERKLAGEN

DISCOUNTER-WITWE GEGEN KRÄMER-GATTIN

FRAU »DISCOUNTER« KLAGT GEGEN KRÄMERS BUCH

WITWE FÜHLT SICH »GESCHMÄHT«

ES GEHT UM BETRUG, GELD UND EINE ANGEBLICHE AFFÄRE

Ein buntes Blatt spricht vielen aus der Seele mit dem Titel:

WARUM HÖRT SIE NICHT AUF?

Über die launige Überschrift

»DER KRIEG DER FEINEN DAMEN«

muss eine ehemalige Kollegin herzlich lachen.

---

[6] Welt, 10.11.2014. »Erneut Durchsuchung ...«, RP, 28.6.2014, »Betrugsvorwurf: Familie widerspricht Discounter-Erbin«, RP, 2.7.2014. Hier wird erwähnt, dass man in Justizkreisen spekuliere, inwieweit es bei der Beurteilung der Sammlung zu Erbschaftssteuerzwecken mit rechten Dingen zuging.

Aus Sorge um die Reputation des Discounter-Unternehmens, das immer wieder im Zusammenhang mit diesen Schlagzeilen erwähnt wird, schaltet sich dessen Leitung ein und veranlasst einige Wochen später ein Schreiben an verschiedene Chefredaktionen, das für Aufsehen sorgt: Pressemitteilungen des Unternehmens sind eine Seltenheit.

In diesem Schreiben heißt es, dass die Witwe weder Gesellschafterin noch Entscheiderin im Unternehmen sei und dass ihr Anwalt nicht das Unternehmen vertrete. Sämtliche Aktivitäten sowohl gegen Herrn Bernhard Krämer als auch gegen Frau Krämer seien Privatangelegenheiten der Witwe und würden von der Unternehmensgruppe nicht unterstützt. Der Brief endet damit, dass man dankbar wäre, wenn die Berichterstattung sich an diesen Klarstellungen orientieren und man auf die Erwähnung des Unternehmens in Zusammenhang mit von der Witwe angestrengten Prozessen verzichten würde.

Im Gericht in Köln zieht der Witwen-Anwalt vermutlich aufgrund mangelnder Erfolgsaussichten den Antrag auf Unterlassung von insgesamt acht Passagen des Buches zurück. Die Zeitungen melden:

BESTSELLER-AUTORIN GEWINNT
STREIT MIT WITWE

Doch der Advokat gibt, wie wir sehen werden, nicht auf.

***

Meine Therapeutin strahlt: »Ich finde das toll. Sie haben geschrieben und damit demonstriert, dass Sie Macht haben und nicht passiv sind. Egal, was noch kommt.«

Ich entgegne: »Irgendein kluger Kopf hat mal gesagt, der Stift ist stärker als das Schwert.«

Eine andere Expertin für seelische Disbalancen sagt: »Sie haben einen unkaputtbaren Kern.«

Darüber habe ich viel nachgedacht. Wenn man so oft weinen muss wie ich, kommen da erhebliche Zweifel auf. Ich habe eher das Gefühl, dass bei mir bald eine Kernschmelze einsetzt.

Zumal ich zeitnah wieder ein extrem an meinem Nervenkostüm rüttelndes Schreiben vom Witwen-Anwalt erhalte: Diesmal fordert man für die Witwe bei einem Streitwert von 100.000 Euro, dass ich eine »strafbewehrte Unterlassungsverpflichtungserklärung« wegen angeblicher Schmähungen sowie angeblich falscher oder persönlichkeitsrechtsverletzender Aussagen in einem Intreview unterschreibe. Es geht um Sätze in einem bereits vor einigen Wochen publizierten und zuvor juristisch geprüften Gespräch im Kunstmagazin »Blau« – unter anderem bestreitet man die im Interview von mir erwähnte, uns angedrohte Pfändung des Hundes, für die es allerdings mehrere Zeugen gibt: die Kinder, zwei Gerichtsvollzieherinnen und mein Anwalt. Weitere beanstandete Aussagen waren zuvor in anderen Zeitungen veröffentlicht, sodass das Handeln der Witwe nach Bernhards und meiner Erfahrung mit ihr auch persönliche Gründe hat.[7] Zudem möchte der Anwalt verbieten, dass ich äußere, dass die Kinder und ich es als unmenschlich empfinden, dass ich von ihm mitkriminalisiert

---

[7] »Eifersüchtig auf eine Männerfreundschaft«, Welt, 10.11.2014, »Betrug oder gekränkte Eitelkeiten?«, Express, 1.7.2014.

werden soll – wo doch eben dieser Advokat in einem Schriftsatz meine Klage mein Kunstwerk betreffend sinngemäß schreibt, ich hätte möglicherweise meine Kapital- und Überweisungsnachweise zum Bild gefälscht und versucht, heimlich Oldtimer zu veräußern. Ist das etwa keine Mitkriminalisierung durch ihn? Ich sehe das so, und meine Meinung darf ich äußern. Zumal wenn der Anwalt sogar in privaten Kreisen Dinge über mich verlauten lässt, die ich als üble Nachrede bezeichne, und seine Mandantin in der Öffentlichkeit einen Reporter ausführlich beschimpfte und dabei – so der Journalist – erschreckender Hass gegenüber Bernhard und mir zum Vorschein kam. Beides macht deutlich, dass die Verfolgung weitergehen wird. Unterschreiben und unterlassen werde ich jedenfalls dennoch gar nichts. Und einschüchtern lasse ich mich auch nicht.

Obwohl die erneuten Vorwürfe sich als haltlos erweisen und kein juristisches Nachspiel haben, muss ich mich zunächst natürlich wehren, sonst akzeptiert man die absurde Forderung. Und sich per Anwalt zu wehren kostet Geld.

Fremdgeh-Experte

Um eines hatte ich meinen Verlag gebeten: Das erste Exemplar des Buches sollte man direkt vom Lager aus ins Essener Gefängnis an meinen Gatten schicken. Ich selbst oder andere Personen dürfen ja aus Sicherheitsgründen nach wie vor absolut nichts außer Briefmarken und ein paar Fotos (keine Polaroids – da könnte man was zwischen die Papierlagen schieben!) senden. Bernhard wusste, dass ich an dem Buch arbeitete, und hatte mir schriftlich genehmigt, aus seinen Briefen zu zitieren.

Wenn es ganz, ganz dringend ist, darf man inzwischen in der JVA anrufen. Ich bin sehr gespannt, wie mein Mann mein Werk findet, beschließe, dass das jetzt ein ganz, ganz dringender Fall ist, und versuche ihn ans Telefon zu bekommen. Er arbeitet als Sportwart und ist morgens in dieser Abteilung zu erreichen. Die Wärter dort sind sehr freundlich und am Telefon stets gut gelaunt. Ob mein Mann froh ist, dass es mit dem Buch geklappt hat? Und sich freut, wie schnell ich es vollendet habe? Und einen guten Verlag gefunden habe?

»Wie findest du es?«, platze ich sofort heraus, als er am Apparat ist.

»Ganz nett.«

Ganz nett? Ich höre wohl nicht recht!

»Wie fandest du denn die Cover-Gestaltung«, bohre ich weiter, indem ich das Thema auf Äußerlichkeiten lenke.

»Wieso? Da war nur die deutsche Flagge drauf«, antwortet er.

Aha – ich begreife! Ich hatte zeitgleich einen Beitrag in einem anderen Buch namens »100 Briefe an Deutschland« geschrieben, das anlässlich des Jubiläums der deutschen Einheit erschienen war. Das hatte er auf meine Bitte hin vom herausgebenden Verlag ebenfalls erhalten.

»Ach so, dann hast du mein Buch noch gar nicht gekriegt«, sage ich erleichtert.

»Ach DAS meinst du. Doch«, antwortet er.

Mehr sagt er nicht. Ich muss schlucken. Die Enttäuschung macht sich in mir breit wie eine bitter schmeckende, kalte Welle. Ist er denn kein klitzekleines bisschen stolz darauf, dass ich in diesem ganzen Wahnsinn ein Buch veröffentlicht habe?

»Und? Was meinst du?«, versuche ich es erneut.

»Na ja«, meint der Verursacher eben dieses Wahnsinns, »bist nicht gerade nett mit mir umgegangen, du hast nicht mal meinen Namen genannt.«

»Ich bin doch total nett und fair mit dir umgegangen! Hast du es denn überhaupt gelesen?«, insistiere ich zunehmend fassungslos.

»Ich habe die Zeilen überflogen, die mich betreffen«, antwortet er.

Da ist er wieder – mein Bernhard, wie er leibt und lebt. Die wichtigste Person im Universum ist und bleibt – Bernhard. Ich nuschele »Ah, ok« und lege auf, bevor ich einen unschönen Kommentar abgebe.

Wenig später erhalte ich Post von einem inzwischen entlassenen Mithäftling, der mir ab und zu Briefe schickt. Er schreibt, er fände mein Buch ganz toll, Bernhard habe es ihm zum Abschied geschenkt – von ihm persönlich mit Widmung versehen.

Bernhard selbst hat es also tatsächlich nie richtig gelesen. Aber signiert.

***

Der nächste Besuch bei meinem Gatten steht an. Beehren darf man ihn wie schon die 18 Monate zuvor alle zwei Wochen mit maximal drei Personen. Wie gesagt besuche meist ich ihn, je nach Schulzeiten nehme ich Max, Lili und Freunde mit oder organisiere drei andere Leute, die ihn sehen möchten. Seine erwachsenen Kinder aus letzter Ehe müssen arbeiten und erscheinen ein- oder zweimal im Jahr zum gemeinsamen Sonderbesuch an Weihnachten oder am Geburtstag. Das ist immer sehr schön, weil es einen Schuss von alter Realität hat: Der Patriarch hat seine Nachkommen – sprich seine optimal gestreuten Gene – um sich herum versammelt und erzählt allen, wie das Leben so funktioniert. Das klappt immer noch, auch wenn da ein zu sechs Jahren Knast verurteilter Sträfling sitzt. Ich sag Ihnen: Der Mann hat Charisma.

Normale Besuchstermine muss man natürlich zuvor mit dem zuständigen Beamten vereinbaren. Das ist in der Regel ein recht mühsames Procedere, da die Terminvereinbarung diametral entgegengesetzt ist zu den heutigen technischen Möglichkeiten wie Telefon oder gar Internet. Mails werden beantwortet, allerdings nicht immer. Es gibt auch eine Nummer, die man anrufen kann – doch da geht in 29 von 30 Versuchen keiner dran oder es ist besetzt. Will man also einen Termin vereinbaren, sollte man sich drei oder vier Vormittage nichts vornehmen und permanent diese Nummer wählen.

Wenigstens gibt es in der Knast-Leitung keine Warteschleife mit Bimmelimmelim-Gedudel wie bei diesem großen deutschen Kommunikationsunternehmen, das sich beim Umzug das Ziel gesetzt hat, mir den allerallerletzten Nerv zu töten. Was würde man hier wohl für Musik zum Besten geben? Den Gefangenenchor aus Verdis »Nabucco«? Vielleicht »Jailhouse Rock« von Elvis Presley? Oder als Alternative Johnny Cashs »Folsom Prison Blues«?

So hänge ich sinnlosen Gedanken nach, während es klingelt und klingelt und keiner abhebt.

Jedenfalls bin ich heute mit einem Freund da. Wie immer warten wir draußen in einem grauslichen, heruntergekommenen und demütig machenden Verschlag auf Einlass. Im Kreise weiterer trauriger Gestalten stehen wir dort zehn Minuten, fünfzehn Minuten, zwanzig Minuten. Bis dahin ist das noch normal, doch dann finde ich es allmählich arg lang. Es ist nämlich schweinekalt, und wir sind langsam durchgefroren. Erneut läuten wir. »Dauert noch«, brummt es durch die Sprechanlage.

Weitere zehn Minuten später werde ich sauer und drücke energisch auf den Klingelknopf. Daraufhin kommt ein Beamter heraus. Wortlos stellt er sich zu uns. Wäscht er mir jetzt den Kopf, weil ich so ungeduldig bin? Bekomme ich endgültig Hausverbot (und werde von den Besuchen hier erlöst)? Dann greift er zu unserem Schreck in seine Tasche. Doch hervor kommt weder eine Dienstwaffe noch Handschellen. Vielmehr zieht er freundlich lächelnd einen Zigarillo heraus und fängt genüsslich an zu rauchen. Keine Erklärung, wieso hier inzwischen acht Leute in der Kälte warten müssen. Nur der Satz, wie schön es doch sei, mal in Ruhe eine rauchen zu können. Irgendwie wird mir das deutsche Beamtendasein zu einem immer größeren, undurchschaubareren Mysterium.

Wenig später lässt man die inzwischen blaulippige Schar nach und nach hinein, und nach der üblichen Leibesvisitation und weiteren fünfzehn Minuten Wartezeit werden wir schlussendlich mit den anderen Besuchern an einem der Tische im Besucherraum platziert. Die Frostbeulen ändern nichts daran, dass ich heute nicht gerade gut auf den Herrn Gatten zu sprechen bin. Ein bissel mehr Anerkennung für mein Buch hätte ich mir schon gewünscht.

Aber dann ist er doch tatsächlich begeistert – inzwischen

ist nämlich bis hinter die Gefängnismauern gedrungen, dass das Werk erfolgreich ist. Auch die ein oder andere Wärtersgattin und sogar Beamte haben es offenbar mit Vergnügen gelesen. Da war Bernhard dann doch stolz. Ich bin ja schließlich seine Frau, also quasi ein von ihm geschaffenes und geformtes Produkt. Dazu muss man wissen: Bernhard ist immer der Verursacher jedweden Erfolgs jedweden Familienmitglieds. Im Grunde hat also er das Buch geschrieben.

Wir reden etwas, dann strahlt er mich plötzlich wie erleuchtet an: Er habe schon die Idee, worüber ich das nächste Buch verfassen solle (was impliziert: Er hat mir auch gesagt, worüber ich das erste schreiben sollte). Neugierig hebe ich die Augenbrauen. Er strahlt noch mehr:

»Schreib über das Fremdgehen! Das ist ein super Thema!«

Mir klappt die Kinnlade herunter. Das Erste, was mir als Antwort spontan einfällt, ist ein giftiges: »Da kenne ich mich leider nicht aus. Aber DU bist ja Experte auf dem Gebiet!«

Er ignoriert erwartungsgemäß den Einwand und breitet vor mir aus, er habe das wiederholt mit den Wärtern und vielen Gefangenen durchgesprochen: Nahezu alle Männer würden fremdgehen, das wäre halt so und wir Frauen würden immer so ein Drama draus machen. Vor allem ich. Wäre doch bestimmt lustig, darüber mal ein Buch zu schreiben.

Ich stelle mir vor, wie der grinsende Mann da vor mir mit anderen Artgenossen darüber tratscht, wo, wie und warum sie ihre Frauen betrügen, und widerstehe dem Impuls, ihm vor allen Leuten eine zu knallen. Bin ich nun irre oder er? Wir beide? Ich zähle die Minuten, bis wir gehen dürfen.

Zum wiederholten Male wird mir klar, dass diese Ehe wohl unrettbar verloren ist. Auch wenn Bernhard es nicht wahrhaben will. Wir haben lange gekämpft, es ging auf und ab. Eine dazwischenknallende Inhaftierung macht die Sache natürlich auch nicht leichter.

Der Anfang vom Ende –
Juni, zweieinhalb Jahre zuvor (2013)

Bernhard hat einen wichtigen Geschäftstermin bei einem Sammler im Ausland. Er fordert Maximilian auf, ihn zu begleiten, da der Kunde einen gleichaltrigen Sohn hat und dieser sich freuen würde, Max kennenzulernen. Unser Sohnemann findet das aber nicht sehr lustig und bittet mich inständig, auch mitzukommen, da er die Leute doch gar nicht kennt und nicht den ganzen Tag alleine mit ihnen verbringen möchte. Da ich nichts Besonderes vorhabe und Lili nach der Schule bei einer Freundin bleibt, beschließe ich mitzukommen. Abends wollen wir wieder zurück sein.

Die Familie des Kunden ist sehr freundlich, wir essen in ihrem großen Haus, die Speisen werden von diversen Bediensteten serviert. Während des Desserts bekomme ich einen Anruf von der Zeitung, für die ich arbeite: Ein hochbetagter Künstler ist verstorben, und da ich bereits über ihn berichtet hatte, soll ich nun den Nachruf verfassen. Ich sage zu, habe aber weder ein Laptop noch ein Tablet dabei. Bernhard ist nicht begeistert, da er es unhöflich findet, wenn ich mich jetzt in eine Ecke setze, um zu schreiben, gibt mir aber dann sein iPad. Ich texte ja recht schnell und klinke mich nicht lange aus.

Wie häufig habe ich in den letzten zweieinhalb Jahren darüber nachgedacht, was gewesen wäre, wenn ich selbst ein iPad dabeigehabt hätte. Wenn Bernhards Akku leer gewesen wäre. Wenn der Künstler einen Tag vorher oder später verstorben wäre. Wenn ich mein Telefon nicht gehört hätte. Wenn ich den Auftrag abgelehnt hätte. Wenn, wenn, wenn.

Ich entschuldige mich bei den Gastgebern, ziehe mich zurück, schreibe den Artikel und versende ihn per Mail von Bernhards Account. Wir bleiben bis nachmittags und fahren dann zurück. Ich che-

cke die Mails, ob die Redaktion geantwortet hat, da ich wissen muss, ob der Text okay war oder ob noch Änderungen einzufügen sind.

Wie unendlich oft habe ich mich schon gefragt: Was wäre, wenn ich meinen eigenen Mailaccount benutzt hätte? Wenn ich in Bernhards Adressfach nur diese eine Mail von der Redaktion gesehen hätte? Was, wenn ich nicht über die seltsame Adresse im Eingangsordner gestolpert wäre?

Aber ich bin darüber gestolpert.

Mein Nachruf ist in Ordnung so. Doch ich stutze über den Absender einer Mail an Bernhard, die unmittelbar vorher einging. Sofort ahne ich etwas. Ich öffne sie. An der Mail – sie ist offenbar eine Antwort auf eine Frage von ihm – hängt unten noch Bernhards Text mit besagter Frage dran. Ich entnehme ihr, dass mein Gatte einen Besuch in Berlin plant. Er fragt, ob eine gewisse Dame an dem Abend da sei und Zeit hätte. Er würde sie gerne treffen. Unterzeichnet hat er nur mit seinen Initialen. Klingt sehr vertraut. Er scheint dort bekannt zu sein.

Ich lehne mich vor und frage Bernhard, der auf dem Beifahrersitz sitzt, von der Rückbank aus: »Du planst demnächst eine Berlin-Reise?«

Er: »Wieso, nein.«

»Aber das steht hier.«

Daraufhin werde ich Zeuge, wie meinem Mann die Gesichtszüge entgleiten. Es ist erschreckend. Ich habe noch nie gesehen, wie jemandem das Gesicht regelrecht herunterfällt. Hier geschieht es gerade. Es sagt mehr als tausend Worte.

Oh mein Gott. Ich schließe die Augen.

Dann google ich den Absender der Mail und weiß schon im Voraus, was ich finden werde: Es ist die einer Escort-Agentur. Da ich schon mal dabei bin, schaue ich mir die Webseite der Agentur an und suche im ansehnlichen »Katalog« die »Dame«, nach der mein Ehemann gefragt hat. Hübsch. Braune, mittellange Haare, braune Augen, groß und schlank. Männer sind halt meistens typfixiert. Ihr »Profil« besagt, dass sie Opernsängerin ist. Ich vermute, eine nicht sehr erfolgreiche – sonst müsste sie nicht mit vierzig Jahre älteren fremden Männern »ausgehen«.

Ich spüre, wie mein Herz sich erst zu einer Faust zusammenballt und dann in Millionen glühend heiße Atome zerspringt. All meine Organe scheinen nach unten zu sacken, in einen Abgrund so tief wie die Hölle. Mir wird eiskalt, ich fange gleichzeitig an zu zittern und zu schwitzen. Die Buchstaben verschwimmen vor meinen Augen, Übelkeit sammelt sich in meinem Mund. Er wird ganz trocken. Ich schließe die Augen und schreie innerlich »Nein, nein, nein!«. Mein Mann, der mir so häufig seine Liebe und Treue versicherte, der sich wie kein Zweiter aufregen konnte, wenn er zu hören bekam, dass jemand aus seinem Bekanntenkreis angeblich seine Frau betrog. Der es fertigbrachte, Leute auf Partys zur Seite zu nehmen, zur Rede zu stellen und ihnen klarzumachen, welch wunderbare Partnerin sie da hintergehen.

Dieser Mann ist unleugbar einer von ihnen.

Doch ich sage nichts. Kein Laut kommt über meine Lippen. Mein Sohn sitzt ja neben mir. Es kostet mich übermenschliche Kraft, mich zu beherrschen, den Mund zu halten. Die Fahrt dauert über drei Stunden. Zu Hause angekommen, mache ich geistesabwesend für die Kinder Abendessen. Ununterbrochen hämmere ich mir ein: Nur jetzt nicht weinen, jetzt noch nicht weinen.

Ich warte, bis es für die Kinder Zeit ist, schlafen zu gehen. Bernhard hat sich schon ins Schlafzimmer verzogen und hängt – naheliegend – am iPad. Wahrscheinlich mit dem Finger dauerhaft auf der »Löschen«-Taste.

Kaum sind Max und Lili im Bett, stürze ich zu ihm. Ich stelle ihn zur Rede, und meine seit Stunden unterdrückte Wut und Enttäuschung brechen sich in einem unkontrollierbaren Kreischanfall

Bahn, den wohl die halbe Nachbarschaft hören dürfte. Es ist mir vollkommen egal.

Bernhard leugnet mit schlecht gespielter Unschuldsmiene und sagt, dass das alles ein Missverständnis sei, die arme Escort-Dame habe eine kranke Mutter und müsse daher etwas Geld verdienen, man habe nur ein Mal zusammen zu Abend gegessen und sie habe ihm auf dem Zimmer lediglich ein Lied vorgesungen (!!!). Höre ich da richtig? Wenn man mich für blöd verkaufen möchte, raste ich gelinde gesagt ziemlich aus. Und noch mehr, als ich erfahre, dass er zum »Vorsingen« mit ihr geschmackvollerweise in dem Hotel war, in dem wir in Berlin seit Jahren immer gemeinsam absteigen. Und ich Ahnungslose war neulich noch mit ihm dort! Gottlob sind weder Schusswaffen noch Messer, Scheren, Schwerter, Handgranaten oder sonstige als Mordwaffen taugliche Gegenstände in Bettnähe. Glauben Sie mir: Dann säße jetzt nicht Bernhard in der Haftanstalt, sondern ich.

Mangels anderer Wurfgeschosse werfe ich ihm wutschnaubend einen mit Reis gefüllten Stoff-Affen an den Kopf, den Lili ihm zu Weihnachten geschenkt hat. Er zerplatzt über seinem rechten Ohr, und Hunderte von Reiskörnern rieseln von seinem Kopf herab. Mist, denke ich, der schöne Affe. Jetzt muss ich den schnell flicken, sonst ist Lili traurig. Dann fällt mein Blick auf sein iPad. Ich nehme es und werfe es aus dem Fenster. Scheppernd knallt es ein Stockwerk tiefer auf die Terrasse. Das Geräusch tut mir irgendwie gut. Bernhard sitzt die ganze Zeit da wie ein begossener Pudel.

Was mache ich denn nun? Schluchzend sitze ich in meinem Zimmer und denke, die Welt ist zusammengebrochen. Noch nie hat mir jemand so weh getan, wie konnte er mein Vertrauen so missbrauchen? Wieso hat er nie gesagt, dass er unzufrieden ist, sondern getan, als sei ich das Wundervollste, was ihm je begegnet sei und die Liebe seines Lebens? Genau mit diesen Sätzen trippelt er jetzt in mein Zimmer. Kein Wort glaube ich ihm, er soll mich in Ruhe lassen.

Feigheit vor dem Freund

Später weiß ich, dass das alles erst der Anfang war. Welten brechen nicht so schnell zusammen, außer jemand verstirbt. Dieser Tag markiert lediglich den Beginn von meinem ganz persönlichen Weltuntergang, er ist das erste Donnergrollen eines Hurrikans, der uns zu vernichten droht. Aber das ahne ich noch nicht.

Nun könnte man hier Grundsätzliches sagen über die Feigheit der Männer, die niemals begreifen werden, dass man am besten alles zugibt, wenn die Fakten unleugbar auf dem Tisch liegen. Man sollte seinen Mut zusammennehmen, reinen Tisch machen, der oder dem Betrogenen alles sagen. Und dann sollten beide versuchen, sich zu beruhigen und vernünftig miteinander zu reden. Das wäre fair. Schon meine Großmutter sagte: »Ein Bock stößt sich nicht alleine.« Daher könnte man als Nächstes gemeinsam überlegen, wieso so etwas passieren konnte – die Bordelle, Massage-Clubs und Begleitagenturen dieser Erde erfreuen sich ja nicht umsonst einer erfreulich konstanten Anzahl von Kundschaft. Außerdem gehen rein statistisch gesehen über die Hälfte der verpartnerten Männer mindestens einmal fremd. Bei Frauen sind es nicht viel weniger. Wir sprechen demnach über eines der häufigsten »Delikte« der Menschheit. Also muss es eine Lösung geben. Es gibt außerdem Schlimmeres als bezahlte Seitensprünge.

Aber gibt es Schlimmeres als einen tiefen Vertrauensbruch?

So weit die Theorie eines vernünftigen Ablaufs von »Ich entdecke, dass mein Partner mich betrogen hat«. Die Praxis sieht anders aus. Ganz anders. Die Reaktionen von betroffenen Männlein (nennen wir sie hier mal: Täter) und Weiblein (nennen wir sie: Kommissare) sind sicher individuell verschieden, aber das Muster dürfte im Großen und Ganzen stets dasselbe sein. Das haben von mir persönlich angestellte empirische Forschungen im Bekanntenkreis ergeben. Führen wir uns eine fiktive Situation vor Augen:

Eine Tat hat stattgefunden – sagen wir Diebstahl wertvoller Waldfrüchte. Der verdächtige Täter sitzt beim Verhör. Die Beweise liegen auf dem Tisch vor ihm.

Der Kommissar sagt: »Sie haben unter Naturschutz stehende Pilze gestohlen.«

Der Täter leugnet.

Der Kommissar zeigt das Foto vom Tatort.

Der Täter antwortet: »Ach ja, stimmt«, er sei da gewesen, habe aber keine Pilze sammeln wollen, sondern nur die frische Luft genießen.

Der Kommissar sagt: »Soso, die frische Luft genießen. Wie oft waren Sie denn dort?«

Der Täter beteuert: »Nur ein einziges Mal«, und er habe wirklich keine Pilze gesucht oder gefunden.

Der Kommissar präsentiert weitere Fotos, die ihn an verschiedenen Tagen am Tatort zeigen. Neben ihm stehen körbeweise die wertvollen Pilze.

Der Täter sagt: »Kann sein, dass ich mehrmals dort war. Hatte ich ganz vergessen, ehrlich. Aber die Körbe mit den Pilzen sind nicht meine. Die hat der Mann von der Berta dorthin gestellt.«

So geht das hin und her, bis es dem Kommissar zu bunt wird, er dem Täter eine scheuert und Türen knallend das Verhörzimmer verlässt. Er fühlt sich nämlich vergackeiert.

Und denkt: Wie armselig und feige muss jemand sein, um nicht zu seinem Tun zu stehen.

Damokles-Schwert

Ich muss unser Haus unter Wert verkaufen, da es noch nicht abbezahlt ist und ich ein privates Darlehen dafür laufen habe. Der Kreditgeber, ein ehemaliger Freund, macht mir immensen Druck und will schnellstens seine (gut verzinste) Darlehenssumme zurückhaben. Er hat augenscheinlich akuten Geldbedarf und bekommt nun Panik, weil das Haus – wie jedes solche Objekt – nicht innerhalb weniger Wochen verkauft ist. Laut unserem Kreditvertrag sollte ich dafür jedoch zwölf Monate Zeit haben. Er setzt den Preis nun weit unter der Schätzung an und lässt es anbieten. Ich habe ihm vertraut und ihm bei Unterzeichnung des Kreditvertrags eine Vollmacht gegeben. Bei dem Preis findet sich naturgemäß rasch ein Käufer.

Man könnte mutmaßen, warum er das Geld so schnell wiederhaben möchte: Seine ahnungslose und überaus überraschte Ehefrau erfährt ein Jahr später, dass er eine andere, sehr teure Immobilie gekauft hat. Für sich und eine neue Frau, mit der er inzwischen zusammenwohnt. Noch einer im Club der Pilzdiebe.

Jedenfalls müssen wir in sehr naher Zukunft unser Zuhause verlassen. Wie ein Damokles-Schwert schwebt diese Tatsache über mir. Voraussetzung eines Umzugs ist naturgemäß, dass man eine neue Wohnung hat. Dies gestaltet sich für uns etwas schwierig. Wir brauchen drei Schlafzimmer, da ich die Kinder angesichts ihres fortgeschrittenen Alters nicht in eins stecken kann und ich selbst unbescheidenerweise auch ein eigenes Bett haben möchte. Unser Budget ist jedoch wie bei den meisten Menschen begrenzt. Ich schaue mir regelmäßig Wohnungen in allen Himmelsrichtungen an und wundere mich inzwischen über gar nichts mehr: weder über aus der Wand hängende, nicht verkehrssichere Elektroleitungen und zerbrochene Kloschüsseln bei 1600 Euro Kaltmiete noch über

Balkons, die mit meterhohen Mauern verbarrikadiert sind, damit man ja nicht drüberschauen kann (ist wie in der JVA). Haben die Vermieter Angst, dass die Mieter runterspringen angesichts der dunkelblau-lila funkelnden Schimmelflecken in der Küche? Auch die Tatsache, dass ich eine Wohnung anschaue mit ZWEI Toiletten in EINEM Bad – eine für Gäste, eine für die Bewohner –, finde ich eher amüsant.

Doch es gibt auch passende, bezahlbare Wohnungen. Nur: Die bekomme ich nicht. Bei Neubauten werden die Makler leichenblass, sobald sie das Wort »Hund« hören, und verweisen auf den hochwertigen Parkettboden. Dass man den bei Auszug doch wieder herrichten könne, überhören sie.

Auch bei Altbauten muss der Hund herhalten: Es seien doch viele ältere Menschen im Haus, die könnte das Bellen stören. Zwar darf man Hundehaltung nicht mehr verbieten, aber man kann sich seine Mieter bekanntlich aussuchen. Unser kleiner Münsterländer taugt auch nicht als Schmuggelware oder Undercover-Hund, den man heimlich in der Tragetasche rein- und rausträgt und versteckt hält.

Ich suche weiter, allmählich drängt die Zeit, denn unser Haus muss Anfang nächsten Jahres geräumt werden. Und es ist fast November. Ich überlege, ob ich mir ein großes Schild bastele, auf dem steht: »Alleinerziehende Mutter mit zwei halbwüchsigen Kindern und ebensolchem Hund sucht Wohnung im Umkreis von 30 km«, und mit selbigem um den Hals hängend die Königsallee rauf und runter laufe. So wie in der Weimarer Republik die Arbeitslosen mit den Pappschildern »Suche Arbeit – egal welche«.

Langsam werde ich es leid, täglich stundenlang in den Internetportalen von Immobilienanbietern zu scrollen und quer durch die ganze Stadt zu gurken, um mir dann baufällige, nicht passende oder doch nicht verfügbare Wohnungen anzugucken. Fast jeden Tag besichtige ich eine Wohnung.

Ich frage die neue Besitzerin unseres Hauses – ihr Ehemann hat es für sie gekauft –, ob wir nicht gegen Miete noch etwas drin wohnen bleiben könnten. Niemand würde sich so um die Immobilie kümmern und sie pflegen wie ich. Außerdem hat ihr Mann eine Straße weiter eine viel größere Villa gekauft, die sie gerade aufwendig für sich umbauen. Aber sie versichert mir, dass sie selbst in unser Haus einziehen werden.

Es steht dann nach eineinhalb Jahren immer noch leer. Niemand zieht ein.

Ein Freund bietet uns an, bei ihm zu wohnen – nach dem Zweiten Weltkrieg seien schließlich auch Millionen Flüchtlinge aus dem Osten im zerstörten Deutschland untergekommen, das würde ja wohl gehen. Aber ich möchte unsere Freundschaft nicht riskieren und habe ja noch den ein oder anderen Karton und diverse Möbelstücke unterzubringen.

Fast habe ich die Hoffnung aufgegeben – da finde ich sie: unsere absolute Traumwohnung! Alles stimmt: die Aufteilung, die Gestaltung, das Licht, die Lage, der Preis. Der Blick ist wunderschön – man sieht in der Ferne sogar den Rhein –, und als ich aus dem Fenster schaue, läuft gerade ein kleiner Münsterländer am Haus vorbei. Wenn das kein gutes Omen ist! Die Maklerin lässt sich von meiner Freude anstecken – ich bin eine der ersten Interessentinnen und sage sofort zu. Sie wird die Hausverwaltung kontaktieren und bereitet schon mal den sogenannten Vorvertrag vor. Ich zeige den Kindern mehrmals von außen das Gebäude, in dem sich die Wohnung befindet, verteile in Gedanken schon unsere Möbel – doch dann höre ich nichts mehr. Anrufe bei der Maklerin laufen ins Leere, da sie leider erkrankt ist.

Erst als ich zwei Wochen später die Nummer der Hausverwaltung herausfinde und selbst dort anrufe, erfahre ich lapidar: Wir haben die Wohnung an jemand anderen vermietet.

Ich kann es kaum glauben. Warum sagte mir niemand Bescheid? Die ganze Vorfreude für die Katz. Wir sind bitter enttäuscht, Tränen fließen. Hatte es womöglich etwas mit unserem Namen zu tun? Sie können sich jetzt einen von meinen zehn Fingern aussuchen, den ich geistig in Richtung dieser Hausverwaltung rausstreckte.

Ich habe die Suche schon seit längerem auf einen Nachbarort im Norden ausgeweitet, auch wenn das für meine Tochter einen sehr langen Schulweg bedeutet, da ihre Schule entgegensetzt weit im Süden liegt. Doch auch ihr Freund wohnt hier, ebenso wie einige meiner engen Freunde, und die Infrastruktur ist prima. Nun sehe ich mir nach den letzten Erfahrungen wenig hoffnungsfroh dort eine Wohnung in einem schmucken Drei-Parteien-Haus am Ende einer ruhigen Straße an. Und sie ist richtig nett. Jeder hätte ein eigenes Schlafzimmer, die Gästetoilette befindet sich nicht im selben Bad wie unser Klo, und die Küche ist vorhanden und geräumig. Und das Beste: Es gibt einen Garten! Auch wenn die Küche vor einigen Jahrzehnten bessere Zeiten gesehen hat: Ich bin total begeistert. Quasi angrenzend an das Haus erstrecken sich große Äcker, deren unschätzbaren Wert für unseren Hund ich messerscharf erkenne. Und die Vermieterin hat das Herz auf dem rechten Fleck. Wir verstehen uns auf Anhieb und quatschen so lange, bis die junge Maklerin freundlich mahnt, sie habe noch andere Termine. Als die Vermieterin abschließend erzählt, dass die beiden anderen Parteien im Haus ebenfalls Hunde hätten, schicke ich mehrere Stoßgebete gen Himmel, dass wir die Wohnung bekommen.

Wir bekommen sie. Ich bin einfach nur froh. Endlich wissen wir, wie es weitergeht, und können planen.

WINTER 2015/16

Last Christmas

Ich überlege, dass ich mich nun auch auf Weihnachten freuen könnte. Doch es wird das letzte Fest in unserem Zuhause sein. Werden wir traurig sein, heulend ohne den Papi unter dem Weihnachtsbaum hocken und allem nachtrauern, was wir verloren haben? Das werde ich nicht zulassen. Das Haus habe ich im Advent wie jedes Jahr festlich geschmückt, nun ist der Tannenbaum dran. Ich kaufe einen kleinen, da ich mir einen großen zurzeit nicht leisten kann. Er wird auf einen Tisch gestellt und ist dann durchaus vorzeigbar. Ich wuchte die Kisten mit den Weihnachtskugeln und Lichterketten aus dem Keller und dekoriere das arme Bäumchen so üppig, dass es fast umfällt. »Klein, aber oho«, denke ich mir.

Einen Tag vor Weihnachten klingelt es mittags. Wie immer bekomme ich bei unerwarteten Besuchern einen Schreck, wie immer bellt auch der Hund wie wild. Doch es ist meine Verlegerin. Sie bringt Briefe und ein Päckchen – es ist weitere Post für mich, die Leser an den Verlag gesendet haben. Wir trinken gemütlich Kaffee, knabbern Plätzchen, die ich vor kaum einer Stunde aus dem Ofen geholt habe, und lassen die letzten, sehr aufregenden Monate Revue passieren.

Als sie sich verabschiedet hat, öffne ich das Paket. Es kommt von einer wohl etwas älteren Dame; auf der beiliegenden Karte schreibt sie, dass sie mein Buch in einem Rutsch durchgelesen habe. Auch ihre Eltern hätten 1946 ihr Haus verloren und mit vier Kindern neu anfangen müssen. Sie bietet an, dass wir uns melden: Sie habe genug Platz für uns alle in ihrem Haus und würde allein leben. Schon das rührt mich sehr. Als ich das Paket dann ganz auspacke, kullern Tränen. Denn darin befinden sich: ein Kilo guter Kaffee, Weihnachtsmandeln, Spekulatius und Nüsse – und drei Paar wunderhübsche, selbst gestrickte Wintersocken für Lili, Max und mich. Ist das nicht zauberhaft?

Meine Eltern werden die Festtage bei uns verbringen. Ich habe noch den Freund, der uns in seiner Wohnung aufnehmen wollte, eingeladen. Er hat etwas durcheinandergewirbelte Familienverhältnisse und würde sonst am Heiligabend allein mit seinem Hund auf dem Sofa sitzen. Einen Tag vor Weihnachten fragt er, ob er eventuell noch einige seiner Kinder mitbringen könne. Klar, sage ich, gern, ich mag seine Kinder sehr. Meine Eltern finden das absolut in Ordnung, auch Maximilian und Lili freuen sich über die Ergänzung des Festes und die unkonventionellen Besucher: Während wir gerne brav in Dirndl und Tracht vor dem Weihnachtsbaum stehen, sind unsere Gäste mit Piercings in der Nase, Tunnellöchern im Ohr und kunstvollen Tätowierungen deutlich cooler anzusehen als unsereins. Ich besorge noch kleine Geschenke für alle, der Freund bringt seinen Hund, zwei erwachsene Töchter sowie reichlich Wein, Käse und Kuchen mit. Ich brate zum ersten Mal in meinem Leben einen Hirschrücken, den ich von einem Jäger geschenkt bekommen habe und der mir bestens gelingt, forme dazu ein paar Dutzend Klöße, außerdem gibt es Rotkraut. Die Hunde tollen ausgelassen durchs Wohnzimmer – gut, dass der Baum außer Reichweite steht – und begeben sich während des Essens in der Hoffnung auf runterfallende Krümel oder Hirschteile unter den Tisch. Wir speisen, reden und lachen bis weit nach Mitternacht. Kurzum: Es wird das schönste, heiterste und entspannteste Weihnachtsfest, das wir im Haus je erlebt haben.

Das Konzept, dass man Heiligabend strikt im Familienkreis verbringt, werfe ich ein für alle Mal über den Haufen. Zuversichtlich schaue ich ins neue Jahr.

Big Apple –
Mai, 23 Jahre zuvor (1992)

Ich bin sehr aufgeregt. Morgen fliegen wir nach New York. Ich war schon einmal mit meinen Eltern dort und freue mich wie ein kleines Kind. Mein 29. Geburtstag steht an, und den möchte Bernhard mit mir in New York feiern, da dort einige geschäftliche Termine anstehen. Auch seine älteste Tochter ist zurzeit in den Staaten, da sie einige Monate an einer amerikanischen Schule verbringt.

Wir sitzen getrennt – Bernhard fliegt in einer teureren Klasse, doch ich sitze die paar Stunden lieber hinten. Mein Argument: Das gesparte Geld kann man in der 5th Avenue doch sicher sinnvoller ausgeben.

In meinem Leben zuvor in meiner Vierer-WG gingen wir ab und zu eine Pizza Margherita oder einen Salat mit Putenbrust essen, brutzelten aber meist lieber etwas zu Hause. Obwohl wir alle bereits berufstätig waren, nicht schlecht verdienten und die Miete niedrig war, lebten wir weiterhin ein anspruchsloses Studentenleben. Wir verstanden uns blendend und hatten Spaß. Wir waren glücklich und zufrieden.

Nun tauche ich in eine andere Welt ein. Sie ist spannend, faszinierend, schillernd. Und wird im Laufe der nächsten Jahre noch spannender und immer internationaler. Wir gehen in schicke Restaurants essen und übernachten in schönen Hotels. Ich begleite Bernhard zu Auktionen, bei denen atemlose Stille herrscht, wenn Werke durch Bietergefechte in den zweistelligen Millionenbereich getrieben werden. Ich traue mich kaum zu atmen, um ja nicht versehentlich den Zuschlag zu bekommen. Wir sitzen bei Sammlern im Wohnzimmer, die Werke von Meistern besitzen, die ich bislang nur aus Museen kannte – Canaletto und Guardi, Alberto Giacometti und Henry Moore, Picasso und Braque, Ferdinand Hodler und Paul Cézanne. Wir sind auf Feste ins Pariser »Maxime« eingeladen, feiern Geburtstage in deutschen Privatschlössern, nehmen den High Tea bei englischen Adeligen in London, schütteln Holly-woodschauspielern die Hand und lunchen mit Kunstfreunden aus dem Nahen Osten auf Yachten in Nizza, die größer sind als jede Villa, die ich bislang gesehen habe. Ich danke regelmäßig dem lieben Gott und meinen Eltern, dass ich drei Fremdsprachen gelernt habe und meine Tischmanieren (hoffentlich) nichts zu wünschen übrig lassen.

Auf Kunstmessen tauche ich in das internationale Kunstgetriebe ein, in die Welt der Galeristen, Händler, Vermittler und Kuratoren, der Neureichen und kultivierten Sammler. Ich lerne die selbstverständliche, dezente Eleganz von Frauen kennen, deren Väter oder Großväter als Unternehmer zum deutschen Wirtschaftswunder beitrugen und deren Männer – Industrielle, Unternehmer, Wirtschaftsbosse – zeigen, welch angenehme Allianz perfekte Umgangsformen und umfassende Bildung eingehen können. Für sie ist Reichtum auch eine Frage der Haltung.

Vor allem – und das ist das Wunderbarste – lerne ich Menschen kennen, über die ich im Studium referiert oder Vorlesungen gehört habe. Künstler und Schriftsteller, die ich aus der Theorie kenne und bewundere. Im letzten September – vor acht Monaten – waren wir mit Gerhard Richter und Isa Genzken in Japan und Hongkong, anschließend im November mit ihnen auf einer Nil-Kreuzfahrt. Mit in unserer kleinen Gruppe war auch Hans Magnus Enzensberger – über eines seiner Gedichte hatte ich meine Abiturklausur im Deutsch-Leistungskurs geschrieben! Nun plauderten wir angeregt beim Aperitif an der Reling, während am Ufer erste Pyramiden ins Blickfeld rückten. Es ist wie ein Traum.

In den nächsten Tagen werden wir hier in Manhattan Jeff Koons, Frank Stella und Ellsworth Kelly in ihren Ateliers besuchen. Bernhard plant mit Jeff Koons ein großes Projekt für die kommende documenta: Der Künstler wird einen gigantischen, fast sechs Meter hohen Hund aus echten Blumen formen, der vor Schloss Arolsen stehen soll – »Puppy«. Wir verhandeln mit den Nachlassverwaltern *von Keith Haring, da wir für ein zukünftiges Projekt eine Zusammenarbeit planen: Museums- und Ausstellungsshops in Deutschland. Gut sortierte Museums-Stores sind im Gegensatz zu den USA, England oder Frankreich bei uns noch nicht üblich. Wir treffen die Architekten Richard Meier, David Chipperfield und Steven Holl, die Fertighäuser entwerfen sollen, die den höchsten Ansprüchen an gute Architektur genügen und dennoch bezahlbar sind. Für mich zählen sie zu den ersten weltberühmten Künstlern, die ich kennenlerne. Bernhard hat bereits mit vielen zusammengearbeitet und zahlreiche getroffen, doch ich komme aus der Theorie. Wenn eine Ikone der Abstraktion wie Ellsworth Kelly erklärt, worauf es ihm in seinen Bildern ankommt, Jeff Koons ein Fax schickt, Eduardo Chillida einen in den Kreis seines riesigen Clans aufnimmt oder der Architekt Norman Foster Bernhard, mich und andere Gäste in seiner Londoner Küche mit Blick auf die Themse bekocht, sind das sehr besondere Momente.*

Es macht mir ungeheure Freude, in Künstlerateliers zu sehen, wie Meisterwerke entstehen. Zu erleben, wie in den riesigen Büros der Stararchitekten Dutzende von Mitarbeitern an Plänen tüfteln, um Visionen wahr werden zu lassen – Bauten, die irgendwann in die Himmel von Berlin, London oder Shanghai ragen werden. Die schönste Erfahrung dabei ist: Allesamt sind sie zugewandte, reflektierte und freundliche Menschen, nicht die Spur arrogant, gelangweilt oder unhöflich. Im Gegenteil: Jeder Einzelne freut sich über Würdigung und echtes Interesse an seiner Arbeit, erläutert sie gerne – auch wenn die Bilder längst im MoMA hängen oder die Bauwerke zukünftige Inkunabeln der modernen Architektur werden. Überheblichkeit, das werde ich die nächsten Jahre erfahren, ist nahezu allen wirklich großen Künstlern fremd, ob Musiker, Schriftsteller oder Schauspieler. Udo Jürgens ist ein äußerst zugewandter Tischherr, John Malkovich ein ebenso charmanter und interessierter Mann wie der Schauspieler, Maler und Geiger Armin Müller-Stahl, der mir verzückt von den Grillkünsten meines großen Schwarms

Viggo Mortensen am Set von »Eastern Promises« erzählt. Lang Lang hat keine Berührungsängste, Kim Cattrall ist genauso unkompliziert und fröhlich wie in »Sex and the city«, und nie würde Enzensberger jemanden spüren lassen, dass er ihm intellektuell weit überlegen ist. Und wer das unvergleichliche Vergnügen hatte, einen Abend neben dem ebenso geistreichen wie witzigen Sir Peter Ustinov in Sankt Petersburg zu sitzen, wird sein Leben lang daran denken.

Ich freue mich, in New York etwas Zeit mit Bernhards Tochter zu verbringen. Obwohl es mich auch unsicher macht. Es ist nicht einfach, einen Freund zu haben, der – was ich erst Monate nach unserem Kennenlernen erfuhr – sechs Kinder aus drei Beziehungen mitbringt. Ich bin noch relativ jung und weiß nicht, wie seine Kinder mich aufnehmen werden. Bernhards Tochter ist im Teenageralter, das hat bekanntlich seine Tücken. Von Freundinnen weiß ich, dass heranwachsende Mädchen einem die Hölle heiß machen können – vor allem, wenn man »die Neue« in Papis Leben ist.

Wir wohnen zusammen mit Bernhards Tochter in einem kleinen Apartment. Wir verstehen uns wunderbar, manchmal werden wir von charmant flunkernden Kellnern sogar für Schwestern gehalten. Wir durchstreifen kichernd Brautläden, schauen uns Brautkleider an und albern mit Schleiern und kessen Hüten auf dem Kopf herum.

Eines Nachts platzt sie in unser Zimmer. Ich bekomme einen Riesenschreck. Da steht sie, macht das Licht an und ruft: »Ich wollte dir nur sagen, du bist meine zweite Mama. Endlich kommt Ruhe in unser Leben. Ich weiß, dass du bleibst.« Ich könnte heulen vor Glück.

Es sind herrliche Tage. Wir streifen durch Galerien, bummeln durch den frühlingswarmen Central Park, essen bei »Dean & De Luca«, nehmen einen Drink in der Oak Bar des Waldorf Astoria, lunchen an der 5th Avenue im »Harry Cipriani«. Dort steht ein vornehmer, alter Herr einige Tische weiter. Bernhard erkennt ihn und

wir gehen zu ihm – es ist Giuseppe Cipriani persönlich. Wir unter-
halten uns kurz, er ist ganz Profi und behandelt jeden Gast mit
einer nonchalanten Herzlichkeit, als habe er nur auf ihn gewartet.

Jahre später treffen wir ihn erneut während der Biennale in Ve-
nedig in seiner weltberühmten dortigen Bar. Er gesellt sich an un-
seren Tisch, wir trinken Bellinis, und er erzählt uns, wie es zu dem
Namen »Harry's Bar« kam. Es war ein Amerikaner, der seinem
Vater Arrigo Cipriani einige Dollar lieh, damit er in Venedig seine
erste Bar eröffnen konnte – dieser Amerikaner hieß mit Vornamen
Harry, und die Bar wurde zu seinen Ehren nach ihm benannt. Ob
der spendable Amerikaner ahnte, dass er den Grundstein zu einem
legendären Gastronomiebetrieb legte?

Neben uns sitzt ein deutsches Ehepaar und spricht uns an –
zum ersten Mal im Leben sehe ich eine Frau, die ein Kostüm aus
Straußenleder trägt – in Pink! Sie ist herrlich exaltiert, die Lippen
leuchten passend zum Kostüm, doch sie kennt sich gut in der
Kunstszene aus. Das Paar lebt seit vielen Jahren in Venedig. Wir
plaudern über die aktuelle Biennale und den koreanischen Künstler
Nam June Paik, der den deutschen Pavillon bespielt und den wir
persönlich gut kennen. Am Ende laden uns die beiden zu sich
nach Hause ein – und das lässt uns erst mal verstummen: Mit
einem Glas Wein in der Hand stehen wir unversehens auf einem
Balkon über dem Canale Grande und schauen direkt auf den Pa-
lazzo Grassi, hinter uns schimmern warme Lichter im riesigen
Salon eines Palazzos aus dem 18. Jahrhundert. Allein der tiefrot
leuchtende Murano-Lüster, der an einer seidenumwickelten Kette
an der goldverzierten Holzdecke hängt, hat den Durchmesser eines
Wagenrades, das antike Mobiliar ist ebenso exquisit wie die Kunst-
werke. Hier zu stehen kommt mir vor wie in einem Film. Wie
herrlich muss es sein, so zu wohnen! Was für eine unverhoffte,
wunderbare Begegnung, beflügelt durch das gemeinsame Interes-
se an der Kunst!

Bernhard und ich sind bis über beide Ohren verliebt. Wir reden pausenlos miteinander, schlendern turtelnd durch die Straßen New York, und ich staune mit seiner Tochter über die Herrlichkeiten im noblen Kaufhaus Bergdorf Goodman. So etwas habe ich noch nie gesehen. In manchen Abteilungen sind Couture-Kleider von Dolce & Gabbana und Armani ausgestellt, die wahrscheinlich mehr kosten, als man in einem Jahr verdient. Eine Verkäuferin erklärt uns stolz, Roben wie dieser üppig mit goldenen Ornamenten bestickte Seidentüll-Traum dort drüben seien eigens im Versace-Atelier angefertigte Einzelstücke für die Inaugurations-, also Abschlussbälle der Töchter sehr reicher New Yorker. Ich frage nach dem Preis. 38.000 Dollar. Mamma mia!

»It´s not a dress, it´s a piece of art«, kommentiert die Verkaufsdame meinen verdatterten Gesichtsausdruck. Bernhards Tochter und ich gucken wie kleine Kinder, die tatsächlich dem Weihnachtsmann begegnen. Eine ältere Angestellte – hier nennen sich die Verkäuferinnen »Personal Shopper« – nimmt uns ins Visier, wittert Umsatz und spricht uns an: »May I help you?« Sie entpuppt sich als Deutsche und stammt aus der Nähe meiner Heimat. Sie ist vor vierzig Jahren ausgewandert – der Liebe wegen. Ihr Deutsch hat einen starken amerikanischen Akzent.

Bernhard kauft mir in der Abteilung für Normalsterbliche ein Abendkleid, da wir demnächst auf einen Ball eingeladen sind. Das einzige lange Kleid, das ich besitze, ist großgeblümt, hat überdimensionale Volants an den Schultern und stammt von meinem Tanzschulen-Abschlussball. Der war 1978.

Dieses hier ist aus tannengrünem Chiffon, schmale Fältelungen bilden eine schulterfreie Korsage, eine mondsichelförmige Brosche aus Strass hält den fließenden Rock an der Taille kokett etwas hoch. Die Verkäuferin schlingt mir malerisch die passende, hauchdünne Stola um die Schultern. Es sieht traumhaft aus.

Viele, viele Jahre später halte ich das Kleid in den Händen und schlüpfe hinein. Es passt mir noch. Es ist immer noch wunderschön. Das Gesicht darüber ist allerdings nicht mehr ganz so unversehrt.

Ich hänge das Kleid auf einen der vier großen Kleiderständer, die ich bei Ikea besorgt, unter den Argusaugen meines Hundes zusammengebaut und im Wohnzimmer aufgestellt habe. Dort, wo alle Klamotten hängen, die ich verkaufen muss.

Wir ziehen in zwei Wochen aus. In der neuen Wohnung ist kein Platz für die Sachen.

Das Damokles-Schwert fällt

Wohl jeder Mensch ist im Leben schon mal umgezogen. Ich selbst auch, bislang neun Mal. Die ersten sechs Ortswechsel waren harmlos, da man im Elternhaus oder in der Studentenbude nicht allzu viel Kram hatte. Doch der Ballast wächst mit dem Familienstand, der Vergrößerung der Wohnung, des Hausrats sowie der Anzahl der Kinder und Haustiere. Von einstmals fünf Umzugskartons, einem zerlegbaren Kleiderschrank sowie einem Vogelkäfig mit einem Nymphensittich drin im Jahre 1984 habe ich mich jedenfalls eindeutig gesteigert.

Nun stehe ich in unserem großen Haus, und wenn ich nur daran denke, dass das alles ausgeräumt, verpackt, abgebaut, verstaut und verfrachtet werden muss, würde ich mich am liebsten ganz weit weg beamen. Hilfe Mr. Scott, wo soll das nur alles hin? Die Gartenmöbel, das Sofa, das Gästebett, der Esstisch für die große Patchwork-Familie, die Vorhänge, die Bücher, die Steh- und Hängelampen? Ich verschenke Bücher, Gläser, Vasen und Porzellan, verschenke und verkaufe Kleider und Schuhe, bestelle mehrmals den Sperrmüll und werde Stammgast am Textil-Container. Schweren Herzens trenne ich mich sogar von meiner LP-Sammlung und einem Teil meiner geliebten Opern-Gesamtaufnahmen, die ich mangels Plattenspieler allerdings seit dem vorvorletzten Umzug nie mehr angehört habe. Nur meine Kassetten, die will ich nicht hergeben. Behutsam fragt mein Sohn, wie und wo ich die denn hören wolle? Es gäbe doch weit und breit keine Kassettenrekorder mehr. Ich antworte trotzig, dass ich diese wunderbaren Lieder teilweise vor dem Radio mit Mikrofon aufgenommen habe und es immer schrecklich ärgerlich war, wenn der Radiosprecher in die letzten Takte reinquatschte. Kopfschüttelnd stellt sich mein Junior vor, wie ich mit dem Mikrofon und einem Kassettenrekorder in der Hand stundenlang vor dem Radio lauere, und fragt ungläubig: »Wann hat man denn so was gemacht?« Als ich das nachrechne, gebe ich klein bei und werfe den ganzen Karton tapfer weg – wahrscheinlich halten die Magnetbänder eh keine 38 Jahre.

Doch all das Aussortieren ist nur ein Tropfen auf den heißen Stein. Als der Umzugsunternehmer sich alles anschauen kommt, sehe ich schon an seinem Gesichtsausdruck, dass das eine etwas längere Affäre wird. Er wird mit sechs Mann kommen, darunter ein Schreiner zum Zerlegen der Möbel. Er empfiehlt mir, ein paar Leute zu fragen, ob sie beim Einpacken helfen können, sonst würde es noch teurer werden, da dies sicher Tage dauern würde. Viele Freundinnen hatten schon angeboten, mir zu helfen.

Wir müssen das Haus im Januar räumen, am Montag eine Woche vorher soll es mit dem Auszug losgehen. Pünktlich um zehn Uhr klingelt es, und wie eine Armada marschieren die Frauen ein. Am Ende sind es 15 Freundinnen. Generalstabsmäßig wird alles geplant, die Aufgaben, Räume und Etagen werden aufgeteilt. Küche und Wohnzimmer werden von Petra, Ingrid, Barbara, Susanne, Margit und Anna ausgeräumt, Susanna und Renate machen sich erst an den Keller und anschließend mit Mechthild an die erste Etage, später knöpfen sie sich Maximilians Zimmer vor. Lili räumt ihre Habe mit ihrem Freund Julius selbst in Kisten, Pia und Angelika sortieren die Anziehsachen, Veronika erbarmt sich der Weihnachtsdekoration, die noch überall verteilt ist, Simone füllt Kunstkataloge in Kartons, auch Birgit, Alexa und Tanja wuseln herum.

Ich flitze hin und her und beschrifte Kisten. Die Frauen sind dermaßen effizient, dass ich kaum hinterherkomme. Porzellan und Glas werden sorgfältig in Seidenpapier eingewickelt, das Susanne tonnenweise mitgebracht hat, Klamotten kommen in extra Kisten. Das Haus versinkt in einem totalen Chaos aus Unmengen von Kartons, halb abgebauten Möbeln, herumliegenden Matratzen, Lampen, Stühlen und Dutzenden von großen, blauen Müllsäcken. Und mittendrin mein Hund, der den Spaß seines Lebens zu haben scheint: endlich mal richtig was los in der Bude!

Es dauert vier volle Tage, bis alles weggeräumt ist. Über 500 große Kartons. Und Möbel, Möbel, Möbel. Der Umzugswagen fährt die vier Tage hin und her, zwei Leute bauen Betten, Schränke und Regale auf. Ich habe nicht die geringste Vorstellung, wie das alles in die neue Wohnung passen soll, und rufe einen Schreiner an, der den Esstisch absägen soll.

Als ich mit Mechthild die Wohnung betrete, schaut sie mich ängstlich an: Sie fürchtet, dass ich mich einmal um mich selbst drehe und dann tot umfalle. Vom Boden bis zur Decke, von einer Wand an die andere, sind die Kartons gestapelt. In Max' zukünftiges Zimmer kann man keinen Fuß setzen, da es vollkommen zugestellt ist. Allein kann ich die oberen Kartons gar nicht herunterheben. Mir wird fast schwindelig.

Die letzte Nacht in unserem geliebten, wunderschönen Zuhause bricht an. Es ist leer. Es hallt bei jedem Schritt. Die Möbel sind weg, die Teppiche, die Vorhänge, die paar übrig gebliebenen Bilder. Aus dem Haus ist alles Leben gewichen. Aber die Erinnerungen sind noch da. Auch viele schöne. Ich sehe sie unter einem Schleier. Festlich gedeckte Tafeln, Dinners und Abendgesellschaften in illustrem Kreis mit berühmten Künstlern, gesellige Runden mit Freundinnen, große Familienfeiern, gemütliche Abende am Kamin.

Alles vorbei.

Ein Bett steht noch in meinem Schlafzimmer, bei den Kindern liegt jeweils eine Matratze am Boden. Zwei Handtücher und einmal Wechselwäsche habe ich in einen kleinen Koffer getan. In der Küche stehen drei Teller, zwei Kaffeebecher von irgendeinem Weihnachtsmarkt und die kleine Kaffeemaschine. Wie in Trance dusche ich ein letztes Mal, ziehe mich an, lege die Anziehsachen in den Koffer, koche uns Kaffee und spüle die Tassen unter dem Wasserhahn. Absurd – ich werfe die Kaffeebecher anschließend blitzsauber in den Mülleimer. Mit einem hohlen Plopp landen sie dort am Boden.

Eine halbe Stunde später verlassen wir drei wie betäubt mit dem Koffer in der Hand das Haus. Es ist Samstag. Keiner sagt etwas. Ich schließe die Tür, gehe mit den Kindern die paar Stufen unserer Eingangstreppe hinunter und werfe den letzten Müllbeutel weg. Es fühlt sich an, als würde ich unser ganzes bisheriges Leben in die Tonne hauen.

Ich blinzle in den Himmel. Dem ist alles egal. Unbeeindruckt von allem, was hier unten geschehen mag, leuchtet er in einem Blau, das an Unverschämtheit grenzt. Ich stelle mir vor, dass viele Menschen heute, genau an diesem Tag, eine furchtbare Diagnose bekommen oder geliebte Menschen zu Grabe tragen müssen. Auch sie müssen diesen ungerührten, teilnahmslosen, gleichmachenden Himmel ertragen.

Ich habe überhaupt kein Recht, so traurig zu sein. Es gibt viel Schlimmeres. Ich steige mit den Kindern in das Auto, drehe das Radio auf und versuche, nicht zurückzuschauen.

Susanne und Stefan haben sich von mir den Schlüssel der neuen Wohnung geben lassen. Als wir ankommen und uns den Weg durch Karton-Türme in die Küche bahnen, traue ich meinen Augen nicht: Sie waren schon um sieben Uhr in der Früh da und haben die Küche komplett eingeräumt. Es grenzt an ein Wunder, aber sie haben die Unmengen von Tellern, Tassen, Gläsern und Schüsseln untergebracht, obwohl alles viel kleiner ist. Und dies in einer Ordnung, die mir die Tränen in die Augen schießen lässt. Es ist so viel praktischer als vorher, ich habe alles im Überblick. Unfassbar! Es wundert mich nur, dass der schon sehr betagte Küchenschrank bei dieser Beladung nicht von der Wand fällt.

Kaum habe ich mich von dieser Freude gefangen, kommen Mechthild und Margit vorbei – sie bringen heiße Suppe und Nahrungsmittel für die ersten Tage. Auch der Kühlschrank ist jetzt gefüllt.

Die Mitarbeiter des Umzugsunternehmens verabschieden sich, nachdem sie die Einzelteile meines Bettes und die letzte Matratze in die neue Wohnung geschleppt haben. Einer sagt: »Ich habe schon viel gesehen, aber so etwas noch nicht. Sie haben ja unglaublich hilfsbereite, liebe Freunde!« Wie recht er hat.

Abschied

Am nächsten Mittag um Punkt zwölf Uhr ist Hausübergabe. Es wird für mich der allerletzte Schritt aus dem alten Leben sein. Gern hätte ich es delegiert, aber das geht natürlich nicht.

Eine Freundin, Tanja, spendiert mir die Endreinigung, sie arbeitet in der Branche. Damit alles pünktlich sauber ist, hat sie für 5.30 Uhr morgens einen Trupp von vier Mann bestellt, die das Haus vom Dach bis zum Keller gründlich putzen. Ich gebe deren Chef den sechsstelligen Code für die Schließanlage der Eingangstür und erkläre, wie man die Alarmanlage abstellt. Als ich kurz nach sieben Uhr morgens beim Gassigehen auf mein Handy schaue, sehe ich ein Dutzend Anrufe der Reinigungsfirma. Das ist kein gutes Zeichen. Ich hatte mein Telefon auf stumm gestellt, nachdem ich todmüde vom Kistenauspacken um zwei Uhr früh ins Bett gefallen war. Und vergessen, es wieder laut zu stellen. Panisch rufe ich zurück, es ist besetzt. Irgendwann komme ich durch und erfahre, dass die Männer nicht ins Haus gekommen seien, da die Haustür sich nicht öffnen ließ. Nach zwei Stunden habe man die Männer wieder abgezogen.

»Aber Sie haben doch den Code«, rufe ich.

»Der funktioniert nicht. Die Alarmanlage ist nicht ausschaltbar.«

Wieso das denn? Die sechs Zahlen und den kleinen Knopf für die Freischaltung der Alarmanlage wird man doch eintippen können. Bestimmt haben die Jungs versehentlich einen Zahlendreher eingegeben. Oder habe ich in dem ganzen Durcheinander den Code falsch durchgegeben? Ich bekomme leichte Panik – wie soll ich denn die Bude so schnell sauber kriegen? Ich habe kein Auto, um sofort selbst hinzufahren, die Bahnstation ist zu Fuß dreißig Minuten entfernt, mein Fahrrad steht noch in der Garage unseres alten Büros. Max arbeitet zurzeit als Praktikant in Frankfurt und ist schon vor sechs Uhr früh mit dem Auto losgefahren. Also rufe ich meine Freundin Susanna an; sie wohnt um die Ecke unseres alten Hauses und soll versuchen, die sechs Zahlen einzugeben. Sie radelt sofort hin – und kommt auch nicht rein. Das gibt's doch nicht!

Die Zeit läuft mir davon, ich rufe die Sicherheitsfirma an, die das System und den Code eingerichtet hat. Es ist besetzt. War ja klar. Ich rufe alle Nummern durch, die ich von der Firma habe. Es sind immerhin vier. Irgendwann hebt jemand ab. Da sagt man mir, hier sei die Verwaltung, ich müsse die Technik anrufen, und gibt mir noch eine andere Nummer. Da ist – besetzt. Ich fluche. Nach dem gefühlt hundertsten Versuch geht endlich jemand dran. Es läge keine Fehlermeldung von dieser Adresse vor, sagt mir der Techniker, es müsste alles funktionieren. Oh Mann, ich könnte ins Telefon beißen!

Inzwischen hat sich Susanna ins Auto gesetzt und kommt mich abholen. Es ist schon nach neun Uhr. Die Reinigungsfirma hat die Männer wieder zum Haus geschickt, wo sie mit müden Gesichtern und Eimern in der Hand warten. Auch ich komme – natürlich – nicht ins Haus. Wieder rufe ich die Sicherheitsfirma an – und wieder ist dauernd besetzt. Dort ist nämlich ein Schlüssel deponiert – für den Ausnahmefall, falls der Code einmal nicht funktioniert. Als ich fast eine Stunde später jemanden erreiche und bitte, mit dem Schlüssel vorbeizukommen, heißt es: Da müsse ich eine andere Nummer anrufen, der sei woanders hinterlegt. Wollen die mich veräppeln?

Langsam verliere ich die Beherrschung und schreie, wofür man diese verf… Sicherheitsfirma jahrelang hoch bezahlt, und wenn man sie einmal braucht, ist niemand erreichbar oder man wird fast drei Stunden lang weitergereicht!

Simsalabim werde ich verbunden, und 15 Minuten später kommt jemand mit dem Schlüssel. Damit schaltet sich die Alarmanlage allerdings zunächst auch nicht frei. Und da sagt der herbeigeeilte Sicherheitsmann ganz lapidar: »Vermutlich liegt es an der Telefonleitung. Hatten Sie das Telefon abbestellt?«

»Natürlich habe ich das ab heute abbestellt, wir sind ausgezogen und die neuen Eigentümer ziehen noch nicht ein«, antworte ich wahrheitsgemäß.

»Ohne aufgeschaltete Telefonleitung geht die Alarmanlage nicht aus und die Tür nicht auf. Wussten Sie das nicht?«

»NEIN«, rufe ich fassungslos. »Auf die Idee hätten Ihre Kollegen doch schon vor drei Stunden und 36 Telefonate vorher kommen können, das ist doch nicht zu glauben!«

Er fummelt dann einige Zeit rum, und irgendwann kann man endlich das Haus betreten, ohne dass die Alarmglocken schrillen. Die inzwischen auf zwei Mann geschrumpfte Putzmannschaft schafft es irgendwie, das Haus in Rekordzeit blitzsauber zu bekommen. Dankbar schenke ich ihnen die kleine, noch auf dem Tresen stehende Kaffeemaschine und meine letzten fünfzig Euro.

Mit etwas Verspätung kommen der Makler und die sich um alles kümmernde, ausnehmend hübsche Assistentin der neuen Besitzerin zur Übergabe. Susanna steht mir zur Seite. Wir fangen im Dachgeschoss an, jede Ecke und Ritze wird akribisch kontrolliert. Ein bunter Glitzeraufkleber auf dem Lichtschalter im Zimmer von Lili wird moniert. Angesichts der Tatsache, dass ich teure Einbauten, Lampen, eine riesige neue Küche und Deko für einen geringen Betrag im Haus gelassen habe und es zudem deutlich sauberer als »besenrein« ist, finde ich das befremdlich. Aber sie muss natürlich kontrollieren, ob alles in Ordnung ist.

Nach einer Stunde und der Überprüfung der Strom- und Wasserzählerstände schüttele ich dem Makler und der Assistentin die Hand und verlasse rasch das Haus. Soll keiner sehen, was in mir vorgeht.

Susanna fährt mich in die neue Wohnung. »Nach Hause« kann ich dazu noch nicht sagen. Gut, dass sie neben mir sitzt. Sonst würde ich hemmungslos losheulen.

Vor 18 Monaten, im Juni des vorletzten Jahres, wurde mein Mann verhaftet, und seitdem gab es keine unbeschwerte Minute mehr in diesen Wänden. Im Juni des Jahres zuvor stand ich im Schlafzimmer und warf dem Untreuen einen reisgefüllten Stoffaffen an den Kopf.

Warum heule ich um ein Haus, das in so kurzer Zeit so viele Tränen gesehen hat? Ich versuche, jetzt nicht an die guten Zeiten zu denken. Das macht es mir leichter.

Die Saat ist gelegt –
Juni, zweieinhalb Jahre zuvor (2013)

Ich bin außer mir. Mein Gatte nimmt also die Dienste eines Escort-Service in Anspruch, während er mir etwas von Geschäftsterminen erzählt. Weinend liege ich im Bett, es tut so weh. Er kommt immer wieder rein und versucht hilflos, mich zu trösten. Ausgerechnet!

Ich bin megawütend. Aber ich denke an meine Oma und an die Sache mit den Böckchen, die sich nicht alleine stoßen. Und versuche, halbwegs vernünftig zu denken. War ich nicht häufig abweisend zu meinem Mann, weil mir seine Ich-Bezogenheit auf den Keks ging und ich sein Streben nach Beifall oft schwer ertragbar fand? Obwohl dieses Streben ihn ja zum Erfolg antrieb? Ist es nicht nachvollziehbar, dass er sich da Bewunderung bei jemand anderem holte? Man mag es als Frau seltsam finden, wenn man dafür Geld zahlen muss – aber anscheinend sehen die Kerle das anders. Im Gegenteil, erklärt mein Gatte – das schaffe Distanz und habe nichts mit Gefühlen zu tun.

Das mag stimmen – Bernhard ist ja nun wahrlich kein Einzelfall. Zudem gibt es eine weitere, echt tolle Eigenschaft einiger Vertreter des männlichen Geschlechts: Sie meinen, dass sie eigentlich keine »normalen« Kunden seien, sondern diese Ladys genau sie als Mann einfach super fänden. Jede Frau verzehre sich in ihren Augen danach, mit ihnen auszugehen, weil sie so großartige Hechte seien. Da vergisst man schon mal den üppigen Betrag, der dezent auf den Nachttisch oder sonst wohin gelegt wird.

Nachts um zwei habe ich fürs Erste ausgeheult und fange an, mit ihm zu reden. Er hat die ganze Zeit neben mir gesessen. Als ich frage, ob es nicht komisch sei, mit einer Frau auszugehen, die nun mal eine Professionelle sei, also offen gesagt eine Nutte, da ruft er doch glatt entsetzt: »Aber nein, das ist doch keine Nutte!«

»Was denn?«

»Eine Muse!«

»Und was macht eine Muse?«, frage ich höflich.

»Gesellschaft leisten, essen gehen, sich unterhalten!«

»Und wieso stehen so allerlei andere Dinge auf der Webseite, auf der sie im Übrigen minimalste Textilien trägt? Dinge, die man NACH dem Essen macht?«

»Ach, das steht da nur so. Wir waren nur essen«, meint er.

»Ich denke, ihr wart im Hotel?«

»Ja, aber da hat sie mir nur was vorgesungen, was anderes ging nicht. Hab ich dir doch gesagt.«

Ich denke: Hoffentlich war's die Königin der Nacht. Wenn ich nicht so sauer wäre, müsste ich jetzt lachen. Innerlich grinse ich schon ein bisschen. Irgendwie ist die Vorstellung auch urkomisch. Mein dummerweise dysfunktionaler Herr Gemahl – in welchem Bekleidungszustand auch immer – und eine »Muse«, die ihm – in welchem Bekleidungszustand auch immer – im Fünf-Sterne-Hotel ein Liedchen trällert. Filmreif.

»Aha«, sage ich, »also sollte es schon in die Kiste gehen und du hast ihr dafür Geld gegeben? Ich finde schon, dass das Prostitution ist. Aber ich habe natürlich keine Ahnung.«

Schweigen. Wahrscheinlich denkt er über die Definition von Prostitution nach und guckt todunglücklich. Au Mann. Wenn es nicht so traurig wäre, könnte man Mitleid haben.

Wir reden die restliche Nacht, er beteuert, dass er mich doch sehr liebt und so etwas noch nie gemacht habe.

Fürs Erste glaube ich ihm. Ein grober Fehler.

Wir versöhnen uns. Die folgende Woche wird in vielerlei Hinsicht eine der schönsten, innigsten und intensivsten unserer gemeinsamen Zeit. Wir sprechen viel, hören einander zu, verlieben uns neu ineinander. Es sind zweite Flitterwochen. Ich bin fast dankbar, dass ich diese blöde Mail gesehen habe. Es hat uns wieder so nah zusammengebracht. Alles ist perfekt. Wir sind ein sehr glückliches Paar. Vielleicht sind es sogar die glücklichsten Tage in unserer langen Verbindung, da der drohende Verlust im Raume stand und wir nun wissen, was wir aneinander haben. Was zählt da ein Fehltritt?

Dann muss Bernhard für drei Tage nach Venedig fahren.

Alles hätte gut werden können, besser als je zuvor. Aber irgendetwas an Bernhards Reaktion lässt mich nicht ruhen. Wieso fragte er nicht, ob ich mitkomme nach Italien? Bei mir ist eine Saat gelegt. Die bohrende, kaum beherrschbare Saat des Misstrauens. Diese Saat geht auf, sie wächst schnell und stetig, bis sie eine kleine Pflanze wird und schließlich ein riesiger, alles verschlingender Monsterbaum.

Die blanken Füße des heiligen Herrn Jesus

Wenn man wie ich, eine in Trier geborene Landpomeranze, etwa dreißig Jahre in der Großstadt bzw. in dicht besiedelten Gegenden gelebt hat wie München, Rom, Paris oder (okay) Düsseldorf, vergisst man die Vorzüge des ländlicheren Lebens. Ich finde es beispielsweise ganz großartig, dass an unserer neuen Wohnung nur etwa alle Viertelstunde ein Auto vorbeikommt – zu Stoßzeiten. Man ist nachgerade fast froh, dass frühmorgens alle sechzig Sekunden eine Boeing, ein Airbus oder ein vergleichbar gigantisches flugtaugliches Modell in Griffweite über einen hinwegdonnert, sonst würde man sich glatt vom Rest der Welt abgeschnitten fühlen.

Aber im Großen und Ganzen ist diese verkehrsarme Situation mit internationaler Luftverkehrsanbindung prima, da man keinen Herzinfarkt bekommt, wenn der Hund mal wieder ausbüchst, weil die Haustüre offen steht. Dass er hier plattgefahren wird, ist eher unwahrscheinlich. Denn obendrein wohnen wir in einer Tempo-30-Zone. Die meisten schleichen brav mit einer Maximalgeschwindigkeit von 20 km/h am Bordstein entlang. Überhaupt fährt man hier seeeehr langsam Auto. Da muss man sich echt dran gewöhnen. Ebenso wie an die Tatsache, dass Nachbarn Zettelchen hinter die Windschutzscheibe klemmen, dass sie den Platz vor ihrem neuen Haus doch gerne privat und ausschließlich selbst nutzen möchten und man bitte schön woanders parken solle. Das mache ich mit Rücksicht auf die Gefühle unseres Autos angesichts der seltsamen Optik dieses neuen Eigenheims jedoch gerne.

Was seit alters her ebenfalls zum Leben in dorfähnlichen Strukturen gehört, sind Argusaugen hinter sorgfältig gefalteten oder gerafften Gardinen und bunt gemusterten Keramik-Blumenübertöpfen. In unserem Fall gehört das Augenpaar einer im gegenüberliegenden Klinkerbau residierenden Dame undefinierbaren, aber grob geschätzt doch höheren Alters. Sie trägt schon zu früher Morgenstunde das feuerrote Haar waghalsig hoch toupiert, das Make-up (meine Freundin Margit definierte die Farbe als »irgendwas zwischen Orange und Grau«) ist ebenso großzügig wie deckend aufgetragen, und das Outfit ist bemerkenswert: grüne Pelzjäckchen, burgunderrote Feder-Boleros und Ähnliches. Dazu trägt die Dame Gummihandschuhe, denn sie hat in der Regel einen Besen, einen Schrubber, einen Eimer oder einen Putzlappen sowie eine Flasche mit Reinigungsmitteln in der Hand.

Damit sucht sie regelmäßig ein architektonisch eher mäßig gelungenes Bauwerklein an der wenige Meter entfernten Ecke unserer Straße auf: Es ist ein mehreckiger Klinkerbau mit Spitzdach, Betonsäulen und einigen Stufen. Wahrscheinlich hat der Erbauer irgendwo gelesen, dass die Urform der katholischen Kirchenbauten ein Zentralbau ähnlichen Grundrisses war. Denn in dem Konstrukt steht eine ebenfalls aus Beton gefertigte, erbarmungslos bemalte Jesus-Statue mit knallrotem Mantel und ebensolchem roten Herzen, umsäumt von völlig vertrockneten Pflanzen. Es ist eine moderne Gnadenkapelle, wahrscheinlich in den Siebzigerjahren im Zuge der Erschließung des Neubaugebietes entstanden. Das Ganze ist wirklich grottenhässlich, aber da kann der Herr Jesus ja nichts für.

Er wird jedenfalls fast täglich geputzt. Ich weiß zwar nicht was – die Füße? Das rote Herz? –, aber ich finde dieses ehrenamtliche Engagement der Dame sehr rührend. Wie überhaupt die Tatsache, dass so ein altertümliches dörfliches Relikt aus Frömmigkeit und Andacht hier anzutreffen ist. Als gläubige Katholikin freue ich mich darüber. Ehrlich. Drei Tage nach unserem Einzug bringe ich ein kleines Windlicht hinüber, um mich bei unserem Herrn zu bedanken, dass wir eine so schöne Wohnung gefunden haben. Das Wackeln der

Gardinen werte ich als Aufmerksamkeit, wer zu so später Stunde – es ist fast 21 Uhr – noch hier rumläuft.

Am nächsten Morgen ist das kleine Windlicht weg. Offenbar gibt es ein Monopol auf jedwede Zuwendung zu diesem speziellen Herrn Jesus. Ich bin etwas irritiert, dann zwinkere ich dem unerschütterlich milde lächelnden Herrn zu. Ich glaube, er hat zurückgezwinkert.

Damals in der Höhle

Wer denkt, so ein Umzug sei damit erledigt, dass man gefühlte hundert Mal zwischen altem und neuem Wohnsitz hin- und hergefahren ist, man bis auf etwa fünfzig Kartons tagelang alles ausgepackt hat, die Möbel fast aufgebaut sind und die Spülmaschine funktioniert, täuscht sich. Oder dachten Sie etwa, Fernsehgeräte, Computer, Drucker und Telefonapparate nebst den zehn Kilometern Kabeln muss man nur aus den Kisten kramen, dann in die vorgesehenen Öffnungen stecken, und gut isses? Nein, leider, so geht das nicht.

Glauben Sie mir: NICHTS funktioniert. Nicht mal die vom Hersteller dafür vorgesehenen Öffnungen – also Steckdosen und Buchsen – sind in den Wänden in ausreichender Zahl vorhanden. Zwar war der Fachmann eines der größten deutschen Kommunikationsunternehmen vor dem Einzug am vereinbarten Termin fast pünktlich da (nur sieben Stunden Verspätung). Und er hat »alles schon mal eingerichtet«. Nur leider bleibt die Leitung des Telefons absolut leblos, als ich waghalsig den Stecker hineinstecke. Auch Internet – Fehlanzeige. Mein Anruf bei der Hotline des Unternehmens – ich vermute, sie heißt so, weil man im Januar bis in die heißen Sommermonate warten muss, bevor ein echter Mensch drangeht – ergibt die ebenso ernüchternde wie wahre Erkenntnis: Einrichten ja – Anschließen nein.

Die Vermieterin nennt mir den ortsansässigen Experten für solche Fälle. Er kommt auch prompt – mit drei Mann! Die stöpseln hier und fummeln da, ziehen Kabel um Ecken, krabbeln auf der Suche nach Buchsen und Steckdosen unter Betten und schieben Schränke hin und her. Stunden später funktionieren zumindest zwei Telefonapparate und der Fernseher.

Ich nutze die Gelegenheit, um mir nach vier Jahren mal

erklären zu lassen, wie man den genau bedient – solch moderne Geräte können ja so allerlei. Das hat zur Folge, dass die Auswahl an Tasten und Funktionen reichlich ist – und ich intellektuell eindeutig überfordert bin, wenn ich einfach nur eine DVD gucken will und mir dauernd HDMI I oder II auf dem Bildschirm entgegenflimmert. Ganz lieb und geduldig erklärt man mir die komplexe Technik, und stolz wiederhole ich, was ich begriffen habe.

Beim Techniker im alten Haus hatte ich seinerzeit kein solches Erfolgserlebnis. Den fragte ich naiv, wo denn der CD-Player an der neuen TV- und HiFi-Anlage sei. Daraufhin erntete ich einen Blick, der so voller Mitleid und Bedauern war, dass ich mir jede weitere Frage verkniff. »CD-Player? Wer braucht denn noch so was? Es gibt Sonos, Download-Dienste, iTunes!« Er dachte wahrscheinlich, dass ich das Feuer noch mit Stein und Stöckchen entzünde, nachdem ich abends in meine Höhle gekrochen bin und mir das Fell von den Schultern geworfen habe.

Aber nun weiß ich sogar, dass unser Fernseher Sendungen aufzeichnen und speichern kann. Nie wieder einen »Tatort« verpassen, und sei er noch so langweilig, unlogisch oder deprimierend. Genial!

Fliegende Fernseher und
Leichen im Pool –
Sommer, fast 24 Jahre zuvor (1992)

Bernhard und ich sind ein festes Paar und werden in München zusammenziehen, denn er ist der Meinung, dass es merkwürdig ist, wenn ich weiterhin mit meinen drei Kumpels Uwe, Thomas und Claus in einer WG wohne. Dabei findet er es immer total unterhaltsam, wenn er dort zu Besuch ist.

Einer meiner Mitbewohner, Thomas, sieht aus wie der junge Adriano Celentano und guckt auch so verpeilt. Er studiert Medizin. Manchmal liegt ein blassrosa Schweinebein im Kühlschrank, das er abends rausholt, um am Küchentisch nähen zu üben. Wenn ich mir ein Käsebrot kauend diese Nähte so angucke, hoffe ich inständig, dass ich niemals mit klaffenden Wunden in seinen Händen lande. Das sage ich ihm auch, aber er meint, er wäre ja schließlich nicht Karl Lagerfeld oder sonst ein Couturier. Auch wieder wahr.

Thomas liegt – ich übertreibe nicht – stundenlang in der Badewanne. Er legt ein Brett quer von der einen auf die andere Seite und legt seine Bücher drauf. Er könne halt am besten im Wasser lernen, meint er dazu. Uns Mitbewohner stört das nicht – wir benutzen das Bad trotzdem: Es gibt nur das eine. Mich wundert nur, dass er nicht vollkommen verschrumpelt wieder da rauskommt. Als Fachrichtung wählt er übrigens später Anästhesie. Ich sage Ihnen das wegen der Nähte. Sie können in dieser Hinsicht also völlig gefahrlos Kliniken in München aufsuchen.

Ein weiterer Mitbewohner ist ebenfalls angehender Arzt. Uwe, sehr gut aussehend, schwarze Locken, das charmanteste Lächeln der Stadt, Männern zugetan. Er ist der Bruder meines Exfreundes Klaus (der mit dem Stundenhotel) und sehr gewissenhaft. Er schreibt gerade seine Doktorarbeit (die von Thomas ist schon fertig) und erzählt bei den Mahlzeiten voller Begeisterung von Kathetern, Stents – Implantationen an Herzkranzgefäßen – und Opera-

tionen am offenen Herzen. Mich kann in dieser Hinsicht beim Essen schon lange nichts mehr aus der Ruhe bringen.

Der Dritte im Bunde ist Claus, ein sehr alter, belesener, warmherziger und herrlich verrückter Freund aus Trierer Tagen, der bereits eine Design-Firma leitet. Da wir zwei quasi im Weinberg aufgewachsen sind, können wir die anderen (einschließlich Bernhard) mühelos unter den Tisch trinken, was wir am Wochenende auch hin und wieder ohne jede böse Absicht tun. Morgens sind wir dann die Ersten am Frühstückstisch und die Einzigen, die nicht verkatert, sondern bestens gelaunt sind. Geht halt nichts über frühes Training! Sie ahnen: Wir sind eine extrem gut gelaunte, intellektuell präsentable und harmonische Wohngemeinschaft. Sie fehlt mir jetzt schon.

Bernhard und ich finden eine etwas heruntergekommene Altbau-Mietwohnung in der Maxvorstadt. Der Teppichboden ist moosgrün und augenscheinlich ebenso dicht mit diversen Lebewesen besiedelt wie echtes Moos. Die Kacheln im Bad datieren schätzungsweise von 1958, und die Elektroleitungen befinden sich in einem Zustand, den wir als latent lebensbedrohend empfinden. Aber unter all dem verbirgt sich eine wahre Schönheit! Wir renovieren monatelang, lassen den Boden aufarbeiten, die Leitungen unter Putz legen, ergänzen den Stuck, erneuern die Bäder, bauen eine Küche ein. Wir möblieren sie und beziehen sie im Herbst. Sie ist wunderschön geworden.

Bernhard ist die meiste Zeit in der Firmenzentrale in Düsseldorf oder reist umher, ich arbeite inzwischen bei einem amerikanischen Unternehmen in München – ich habe wie gesagt in Bernhards Firma gekündigt, nachdem wir ein Paar geworden sind. Da ich in München studiert habe, ist mein Freundes- und Bekanntenkreis groß. Ich gehe viel aus, bin auf Feste eingeladen, besuche häufig Opern- oder Theatervorstellungen.

So auch an einem Wochenende, an dem Bernhard wie meistens sehr spät abends eintreffen wird. Der Intendant des Theaters – es ist eines der bekanntesten in München – hat mich zur Vorstel-

lung eingeladen. Ich habe ihn bei einem Freund kennengelernt, und wir haben uns über Inszenierungen, Schauspieler und neue Stücke unterhalten. Ich merke schon am Telefon, dass Bernhard das nicht passt. Aber ich lasse mir ungern Vorschriften machen, zumal er von Theater wenig bis gar keine Ahnung hat und ich keinerlei unkeusche Absichten hinsichtlich des Herrn hege. Selbst wenn er nicht homosexuell wäre (was er ist). Das überhört Bernhard geflissentlich. Er will uns unbedingt nach der Vorstellung in einer Bar treffen. Ich willige ein, damit er auch mal etwas Bildung in die Richtung mitbekommt.

Das entpuppt sich als schlechte Idee. Bernhard ist miserabel gelaunt und behandelt den ahnungslosen Mann wie einen Sittenstrolch, ist unhöflich und überheblich. Ich schäme mich fast zu Tode und verabschiede mich, noch bevor das Glas Wein ausgetrunken ist. Zu Hause platzt mir der Kragen.

»Was fällt dir ein, dich so zu benehmen?«, schreie ich Bernhard wütend an. »Das ist der Intendant, und er hat mich eingeladen, wie kannst du ihn so behandeln? Ich fasse es nicht!«

Mein Freund zeigte sich schon häufig eifersüchtig, selbst wenn mich ein männliches Wesen unter achtzig duzt, guckt er schon komisch. Doch diesmal kocht er vor Zorn und Eifersucht – vielleicht, weil der Herr ihm in seinen Augen irgendwas Undefinierbares voraushat. Als ich rufe, dass er sich total lächerlich mache, denn der Mann sei doch schwul, tickt Bernhard völlig aus. Er schaut sich um, was er werfen könne. Mangels anderer Gegenstände – wir streiten uns im Schlafzimmer – schnappt er sich den kleinen Fernseher und will ihn aus dem Fenster im dritten Stock werfen. Das Fenster ist allerdings geschlossen, und er verfehlt es knapp. Das Fernsehgerät kracht verschreckt zischend an die Wand und landet auf dem Parkett. Ich wusste gar nicht, dass ich mir da einen Choleriker mit Eifersuchtsproblem angelacht habe, und bekomme Angst. Nicht, dass er mich auch noch an die Wand knallt.

Über dem Bett befindet sich ein Alarmknopf für den absoluten

Notfall – das heißt, wenn der Einbrecher vor dem Bett steht. Der Alarm ist still und direkt zur Polizei aufgeschaltet. Ich hechte zu dem Knopf und drücke ihn, dann laufe ich so schnell ich kann mit meiner Handtasche aus der Wohnung und schlage die Tür zu. Unten auf der Straße kommt der Streifenwagen schon um die Ecke gerast. Ich muss grinsen. Wenn die Polizei kommt, muss man das Codewort wissen, sonst hat man ein Problem. Das Codewort habe ich Bernhard nie verraten.

Wir hatten natürlich schon öfter Streit. Das liegt bestimmt an unseren Sternzeichen: Bernhard ist Widder, ich bin Stier. Wenn solche Hornviecher aufeinandertreffen und jeder denkt, er ist im Recht, kann es schon mal etwas aus dem Ruder laufen. Zumal ich bei Reizüberflutung problemlos für eine Werbefigur das Vorbild sein könnte: das HB-Männchen ...

Bevor wir die Wohnung gefunden hatten, übernachteten wir ab und zu in einem Hotel, wenn es Bernhard mit meinen WG-Jungs zu viel wurde. Es war ein ganz neues, hoch vornehmes Hotel in der Nähe der Maximilianstraße, wir hatten stets dasselbe Zimmer, der Portier kannte und mochte uns. Montagmorgens flog Bernhard meist zurück nach Düsseldorf. Ich arbeitete in der US-Firma und nahm früh die U-Bahn oder das Fahrrad zur Arbeit.

Eines schönen Morgens komme ich aus dem Bad, und Bernhard spricht allen Ernstes den Satz aus: »Pack mir mal den Koffer.«

Ich schaue ihn ungläubig an. »Wie bitte?«

»Pack mir den Koffer«, wiederholt er arglos.

»Ich soll dir den Koffer packen?«, frage ich erneut. »Wie alt bist du denn bitte schön? Ich muss zur U-Bahn!«

»Und ich muss zum Flughafen! Es dauert viel zu lange, bis ich den selbst gepackt habe!«, kontert der Kerl, mit dem ich die Nacht verbracht habe. Er hat schlicht keine Lust, es selbst zu tun, aber ich bin solche Anordnungen und Machtspielchen nicht gewohnt – mein letzter Freund konnte ganz alleine Koffer packen.

»Wieso dauert das denn lang?«, frage ich. «Das geht doch schnell, wirf die Sachen halt einfach rein, die müssen eh in die Wäsche!»

»Nein, das dauert zu lange«, beharrt er.

Da sage ich mit zusammengebissenen Zähnen: »Schau. Ich zeige dir mal, wie lange man dafür braucht.«

Ich reiße die Tür des Hotelzimmers auf, schleudere den Koffer auf den Flur und schmeiße seine Klamotten hinterher. Und die Zahnbürste. Und den Rasierapparat. Und zuletzt den Kulturbeutel.

»So«, fauche ich, »du siehst: Es dauert kaum zehn Sekunden!«

In dem Moment tritt eine kleine Gruppe asiatischer Geschäftsmänner aus dem Aufzug schräg gegenüber. Sie schauen etwas irritiert auf eine wutschnaubende Frau, einen offen klaffenden Koffer und einen Haufen mitteleuropäischer Kleidung inklusive Toilettenartikeln, die im Fünf-Sterne-Hotel malerisch den Teppichboden bedecken und den Flur blockieren.

Seitdem hat Bernhard mich nur noch einmal aufgefordert, seinen Koffer zu packen. Das war ein Jahr später im Sommerurlaub in Juan-les-Pins in Südfrankreich. Wir wohnten mit mehreren Freunden auf Einladung eines Bekannten in dessen Haus.

Nach einem lautstarken nächtlichen Streit, in dem es um die Rollenverteilung zwischen Mann und Frau ging, warf ich Bernhards Sachen aus dem Fenster. Einer seiner Anzüge landete im Pool. Beim Frühstück erzählte uns der schon recht betagte, etwas schwerhörige Gastgeber leichenblass, er habe sich morgens beim Betreten des Gartens fürchterlich erschrocken.

Er hatte gedacht, es treibe ein toter Mann im Pool.

Nun werden Sie sich vielleicht fragen, wieso wir um Himmels willen irgendwann geheiratet haben. Doch ich kann Ihnen versichern: Solche Auseinandersetzungen kommen in den besten Familien vor. Nur reden die wenigsten darüber. Ich

bin halt temperamentvoll. Und Bernhard pflegte noch ein etwas überholtes Fauenbild. Außerdem liebten wir uns.

Übrigens hat Bernhard mich in 25 Jahren nie wieder darum gebeten, seine Koffer zu packen. Ich mache das seit ge-
raumer Zeit freiwillig. Man ist ja nicht nachtragend.

Leonardo, der Airbus und ich

Ich schlafe nicht mehr. Jedenfalls nicht länger als fünf Stunden am Stück. Das geht jetzt seit mehr als zwei Jahren so. Falls jemand wissen möchte, wie man auf dem Zahnfleisch geht: Ich kann es ihm zeigen. Für Leonardo da Vinci wäre das kein Problem; er soll ja maximal eine Stunde am Stück geschlafen und sonst nur viele kleine Minuten-Nickerchen gehalten haben. Aber ich bin nur die ganz normale Dorothee aus Trier-Pfalzel. Nicht mal ansatzweise genial im Malen, Zeichnen, Bildhauern, Flugmaschinenentwerfen, Leichensezieren oder gar universal in all dem zusammen, so wie dieser bärtige Genius aus dem toskanischen Kaff Vinci (damals bestimmt noch kleiner als Pfalzel). Ich brauche meinen Schlaf!

Mal davon abgesehen, dass ich knapp über 39 Jahre alt bin und die äußere Optik durchaus auch von ausreichend Ruhephasen abhängt: Auch die Laune und die Energie sind reziprok zur Menge an erholsamem Schlaf zu sehen. Der ist mir mit Ausnahme der Tage in Italien weitgehendst abhandengekommen.

Nun sind wir in einen Ort gezogen, der in der Einflugschneise des Düsseldorfer Flughafens liegt. Und auch in der Abflugschneise. Tag für Tag finden auf den Start- und Landebahnen zwischen 43 und 45 Flugbewegungen statt – pro Stunde. In sechs Monaten sind das etwa 130.000 Starts und Landungen. Und es werden immer mehr.

Natürlich wusste ich das vorher, doch wir haben keine andere passende Wohnung bekommen. Außerdem versicherten ALLE meine Freunde und Bekannten, die in diesem Ort wohnen, dass man sich irgendwann an den Lärm gewöhnt. Ganz bestimmt. Schließlich habe man einiges für seine Villa mit parkähnlichem Garten ausgegeben (wir wohnen allerdings ein paar Straßen vor dem Villenviertel).

Auch die Vermieterin hat beteuert, dass man seinerzeit beim Bau des Hauses Schallschutzfenster eingebaut habe, man also quasi nichts höre. Tagsüber macht mir Lärm nichts aus, da ist man beschäftigt oder unterwegs. Nur der Hund erschreckt sich bei den Gassi-Runden und schaut verwirrt nach oben, ihm ist die Verwunderung über die außergewöhnlich großen, seltsam kreischenden Vögel am Himmel deutlich anzusehen. Doch wenn man nächtens nach jeder einzelne Minute Schlaf giert, kann Fluglärm einen gezielt in den Wahnsinn treiben.

Am ersten Morgen in der neuen Wohnung schrecke ich um 6.05 Uhr aus dem Schlaf hoch, in den ich nach dem letzten Blick auf die Uhr wie fast jede Nacht erst gegen halb vier gefallen bin. Ich denke, der Koffer ist rumsend vom Kleiderschrank gefallen. Es war jedoch der Airbus Richtung New York.

Ich muss dazusagen: Das Fenster war geschlossen, die Rollläden komplett heruntergelassen, und ich hatte mir Oropax bis in den mittleren Gehörgang gestopft. Wahrscheinlich liegt es an meinem leichten Schlaf. Oder ich bin zu hellhörig. Oder zu nervös. Oder es ist einfach TOTAL LAUT! Auch sind die Fenster inzwischen alt, von Schallschutz ist wahrscheinlich denkbar wenig übrig. Häufig brummt der erste Flieger nicht erst um 6.05 Uhr, sondern schon um 5.57 Uhr. Das sind doch nur ein paar Minuten, werden Sie sagen – jaaaa. Aber rechnet man das auf, sagen wir mal, ein Jahr hoch, sind das immerhin 48,6666 Stunden weniger Schlaf. Und wie gesagt: Ab einem gewissen Alter zählt jede Sekunde, das bestätigt der objektive morgendliche Blick in den Spiegel.

Die ersten Monate bin ich völlig genervt. Als von Schlafstörungen gebeutelter Mensch verfluche ich mit dem Kopfkissen auf dem Ohr alle Umstände und Menschen, die uns all das eingebrockt haben.

Die Saat geht auf –
Juli, zweieinhalb Jahre zuvor (2013)

Bernhard und ich verabschieden uns zärtlich, als er nach Venedig abreist. Wir haben nach meiner Entdeckung seines Berliner Fehltritts eine herrliche Woche hinter uns. Jeder von uns hat Fehler gemacht. Ich war unachtsam, habe ihm – so sagt er es auch – nicht genug Anerkennung und Bewunderung gezollt, war überkritisch. Er hat sich anderswo Bestätigung geholt und sich auf seine Weise revanchiert, anstatt mit mir zu sprechen. Nun haben wir uns ausgesprochen und gemerkt, was wir aneinander haben, wie gut wir uns in unserer Unterschiedlichkeit ergänzen, wie viel uns verbindet. Wie sehr wir uns lieben. Doch bei mir ist eine schreckliche Saat gelegt.

Die Saat des Misstrauens.

Sie lässt mich am Morgen nach seiner Rückkehr aus Italien voller Unruhe und Zweifel in seine Mails schauen, während er eine Etage tiefer eine Massage gegen seine Rückenschmerzen bekommt. Bernhard hat sich sofort ein neues Tablet besorgt, nachdem ich das andere aus dem Fenster geworfen hatte.

Heute frage ich mich: Hätte ich die Mails nicht checken sollen? Oder doch? Wie viele Ehefrauen haben sich das wohl schon gefragt? Und wie viele gehörnte Ehemänner? Hätte ich das Misstrauen ersticken sollen?

Ich sehe in seinem Account eine Mail mit anhängenden Fotos, die ihm nach Venedig geschickt wurden und auf die er geantwortet hat. Der Inhalt der Fotos ist derart, dass es mir den Boden unter den Füßen wegzieht. Und zwar wortwörtlich. Ich sacke mitten im Flur zusammen. Und statt dass ich die Mail erst mal an mich weiterleite – das empfehle ich an dieser Stelle als Beweismaterial jeder oder jedem Betroffenen! –, gehe ich mit zitternden Knien nach unten und stehe vor meinem auf dem Bauch liegenden Mann und dem Masseur. Dieser stoppt die Massage, schaut hoch und bekommt einen Riesenschreck, als er mich sieht. Ich bin blass wie eine Leiche.

Bernhard dreht sich um. Er erblickt das iPad und begreift sofort. Ich werfe es hin, laufe in den Waschkeller und breche vor der Waschmaschine zusammen. Ich muss so laut weinen und schluchzen, dass ich hoffe, dass die noch schlafenden Kinder mich dort unten nicht hören. Ich wimmere und schreie, während Bernhard verzweifelt neben mir kauert. Ich möchte sterben, es zerreißt mich. Im Leben hätte ich es nicht für möglich gehalten, was da gerade passiert ist. Dass Bernhard mir derart weh tut – noch entsetzlich viel mehr als beim ersten Mal. Es war alles so schön, was hatte er mir kaum eine Woche zuvor nicht alles geschworen, warum tut er mir das an? Was für ein tiefer, tiefer Verrat! Warum hat er mich weiter belogen, als ich hinter die Geschichte in Berlin kam? Warum nicht gesagt, dass es noch mehr gibt? Die berühmte Tabula rasa, reinen Tisch, gemacht? Dann wäre alles auf einmal rausgekommen, es wäre bei dem einen großen Schock geblieben. Dann hätte ich ihm glauben können, nicht mehr in Mails geschaut, es auf sich beruhen lassen. Doch so spürte ich, dass noch etwas war.

Aber das ist sie eben, die Feigheit der Männer bei solchen Sachen. Und das bohrende Misstrauen des einmal Betrogenen.

Bernhard stammelt, er habe aus Furcht, dass ich ihn verlasse, nichts gesagt; dies sei eine alte Geschichte, völlig bedeutungslos und gegen Geld, sie habe ihm die Fotos nach Venedig geschickt, um ihn zurückzugewinnen. Dass es eine Praktikantin einer mit ihm verbandelten Firma war, die ihn womöglich erpresste und professionell Herren ausnimmt, erfahre ich erst später. Es ist, wie sich herausstellen wird, auch keine alte Geschichte, sondern eine brandaktuelle. Was für ein Niveau.

Ich werde von Weinkrämpfen geschüttelt und wusste bislang nicht, wie viel Tränen ein Mensch wegen so eines im Vergleich zu anderen Schicksalsschlägen lächerlichen Betrugs weinen kann. Ich weiß nicht, wohin vor innerem Schmerz. Wenn wir diese wundervolle, liebevolle Woche zuvor nicht gehabt hätten, die Woche, die diesen wunderbaren Zauber eines neuen Anfangs in sich trug, wäre es vielleicht nicht so schlimm. Aber so ist es unerträglich.

Ich kann nicht sprechen, nicht aufstehen, nicht gehen und bleibe neben einem Haufen schmutziger Hemden einfach auf dem kalten Kellerboden liegen. Kalkweiß und irgendetwas murmelnd sitzt Bernhard neben mir. Irgendwann schleppt er mich die Treppe hoch ins Bett, meine Beine sind aus Pudding. Die Kinder sind inzwischen wach und sagen später, ich hätte ausgesehen wie ein Zombie.

Ich kann mich nicht beruhigen, schaffe es nicht, mit dem Weinen aufzuhören. Es wird so arg, dass Bernhard abends unseren Hausarzt ruft. Ich bin nur noch ein Häufchen Elend. Der Arzt gibt mir eine Beruhigungstablette. Da ich so etwas nie nehme, schlafe ich 14 Stunden traumlos durch.

Als ich benebelt wach werde, sitzt Bernhard am Bett und hält meine Hand. Ich brauche eine Weile, bis alles wieder hochkommt, und beherrsche mich, um nicht sofort wieder loszuheulen. Warum bin ich aufgewacht? Wie soll ich das aushalten?

Ich fühle mich zutiefst verraten – und dabei weiß ich noch nicht einmal alles. Die nächsten Monate werden noch mehr zutage fördern.

Bernhard und ich reden und reden, ich weine viel, frage und bohre und bekomme immer das Gleiche zu hören: Alles unbedeutend, nur du zählst, du bist die Liebe meines Lebens, es hat nichts mit dir zu tun. Mit wem bitte sonst auf Gottes schöner Erde? Mit wem der anderen 7,44 Milliarden Bewohner unseres Planeten?

Tanz auf dem Vulkan –
Juli, zweieinhalb Jahre zuvor (2013)

Wir hatten schon Monate vorher für die Sommerferien mit den Kindern eine Woche Urlaub in Italien gebucht. Bernhard und ich entscheiden, die Reise anzutreten. Den Kindern zuliebe, uns zuliebe. Wir nähern uns wieder an. Liebe kann man nicht einfach abstellen. In Italien feiern wir unseren 18. Hochzeitstag. Ich schwanke immer wieder zwischen Wut, Schmerz, Hoffnung und dem Glauben, dass Bernhard nun ehrlich ist. Unsere Verliebtheit kommt immer wieder durch. Alles kann wieder gut werden. Wie ein kleines Kind, das sich versteckt, indem es sich die Augen zuhält, sage ich mir das.

Wir haben sehr glückliche Stunden, bummeln mit den Kindern durch kleine Küstenstädtchen, genießen die italienische Küche, lassen uns vom Charme Capris verzaubern, besuchen Pompeji. Ich weiß zu diesem Zeitpunkt nicht, dass wir wahrhaftig gerade auf dem Vulkan tanzen. Und der hat nichts mit Bernhards privaten Fehltritten zu tun.

Manchmal sitzt Bernhard gedankenverloren auf dem Balkon und starrt vor sich hin. Das ist ungewöhnlich – ohne sein iPad oder Telefon in der Hand ist er schwer vorstellbar. Einmal sagt er: »Ich könnte jetzt genauso gut auch hier runterspringen.«

Ich schaue elektrisiert hoch: So etwas sagt Bernhard nicht nur, weil wir Eheprobleme haben. Da muss noch etwas anderes sein. »Was ist denn?«, frage ich.

»Ach, die Witwe eines Kunden will die Originalrechnungen unserer Einkäufe haben. Das macht doch kein Händler. Ich habe immer eine Rücknahmegarantie angeboten, würde alles, was er gekauft hat, die nächsten Jahre gegen Verzinsung zurücknehmen. Auch die Autos.«

Mein Gatte ist ganz grau im Gesicht. Was ist nur los? Ist diese Frau, die weder von Kunst noch von Oldtimern etwas versteht, un-

zufrieden mit dem, was ihr Gatte erworben hat? Es ist doch inzwischen alles viel mehr wert!

Bernhard antwortet ausweichend, das würde sich regeln, er würde dann eben alles zurücknehmen. Diese Frau lebt aufwendig, womöglich braucht sie Bares, weil es vielleicht um das Erbe noch Unklarheiten gibt und innerhalb des Familiengefüges nicht ganz einfache Verhältnisse herrschen. Das beruhigt mich. Zumal ich mit anderen Gedanken beschäftigt bin – ich sitze mit einem Buch in der Hand da und versuche zu verarbeiten, was in den letzten Wochen passiert ist. Das Kopfkino ist kaum abzuschalten.

Immer wieder bombardiere ich Bernhard mit Fragen. Er ist genervt. Nervös. Aber ich kann keine Ruhe geben, denn ich spüre instinktiv, dass er mir ausweicht und nur zugibt, was nicht zu leugnen ist. Ich kenne ihn viel zu lange, sehe an kleinsten Gesten, wenn er unaufrichtig ist. Er schaut dann weg, die Lider zucken unruhig, er dreht unablässig den Ehering hin und her. Ausgerechnet. Und ganz schnell lenkt er auf ein anderes Thema ab, wenn es unangenehm wird.

Ich kann mich selbst nicht leiden; ich ahne, dass ich mit dieser Besessenheit, die Wahrheit zu erfahren, etwas Selbstzerstörerisches tue. Ich bin doch weiß Gott nicht der erste Mensch, der vom Partner betrogen wird und dessen Vertrauen man missbraucht hat! Auch bin ich nicht so naiv zu glauben, dass es in manch anderen Partnerschaften nicht ähnlich aussieht. Bernhard hat einiges über Artgenossen zu erzählen, um sich selbst zu entlasten und seine Fehltritte zu relativieren. Ich kenne diese Männer nicht, aber offensichtlich führen sich nicht alle Frauen so auf wie ich – falls sie es überhaupt erfahren. Es verletzt womöglich nicht jeden gleichermaßen, egal ob männlich oder weiblich. Vielleicht sind andere einfach toleranter. Sicherlich verdrängen es auch viele, machen die Augen zu, wenn sie etwas ahnen. Denn wenn man sie nicht davor verschließt, muss man sich den schmerzenden Fakten und der Diskussion stellen. Und man muss handeln.

Manchmal wünsche ich, ich hätte meine Augen auch fest zuma-chen können.

Tausend Fragen rasen durch meinen Kopf. Ich fühle mich wie in den Weltraum katapultiert und muss Orientierung finden, wo ich ins Leere greife. Immer war ich pragmatisch, anpackend, wusste für alles Rat. Nun fühle ich mich hilflos. Der Einzige, der mir helfen könnte, verschanzt sich hinter Leugnen, Schwindeln und Be-schwichtigen.

Ich frage mich:

Wenn der Partner einen noch liebt, kann man doch alles ver-gessen und verzeihen und weitermachen wie bisher – oder nicht?

Kann man das Vertrauen wirklich wieder aufbauen?

Und wenn man es nicht schafft, den Vertrauensbruch zu ver-gessen? Wenn man ständig darunter leidet? Muss man dann nicht konsequenterweise die eigenen Gefühle abstellen, weggehen und sein Leben alleine auf die Reihe kriegen?

Aber wer tut das schon, wo doch so viel dranhängt? Kinder, Fa-milie, Gefühle, der Freundeskreis, das soziale Umfeld, finanzielle Abhängigkeiten, die Angst vor dem Alleinsein. Sind bezahlte oder nicht bezahlte Seitensprünge es wert, dass man das alles und den langjährigen Partner aufgibt? Kann man nicht sagen: Augen zu und durch?

Nein, das kann man nicht, solange der andere nicht aufrichtig ist. Ich kann es nicht.

Ich zermartere mir das Hirn, nehme trotz reichlich Pasta Kilo um Kilo ab, bin hin- und hergerissen und habe Stimmungsschwankun-gen wie eine pubertierende 13-Jährige. Den einen Tag möchte ich Bernhard am liebsten persönlich den Balkon hinunterbefördern und den anderen Tag denke ich, dass ich mal die Kirche im Dorf lassen sollte. Bernhard wirft mir vor, etwas Unwichtiges, das er längst vergessen hätte, wichtig zu machen. Ich sehe das anders, für mich ist es wichtig. Aber er war schon immer ein Verdrängungs-künstler ersten Grades und nicht gerade der sensibelste aller Zeit-

genossen. Im Gegensatz zu mir, leider. Ich kann ihm einfach nichts
mehr glauben und spüre, dass da noch einiges im Dunkeln lauert.

Meine Freundin Saskia, die Ähnliches erlebt hat, sagte mir
später, sie habe sich erst sieben Jahre, nachdem ihr Angetrauter und der Vater ihrer beiden Kinder sie betrogen und sie davon erfahren hatte, getrennt. Es habe einfach so lange gedau-
ert und wäre immer wieder hin und her gegangen. Es sei wie
bei einer zerbrochenen Schüssel: Man kann sie kleben, aber
der Sprung bleibt.
    Sie sagte auch: Nichts wird mehr sein wie vorher.

Monsterbaum –
August, zweieinhalb Jahre zuvor (2013)

Am Tag nach der Rückkehr von unserer gemeinsamen Italienreise gehe ich ins Büro, Bernhard sitzt im Wohnzimmer und telefoniert. Aus der Saat und der kleinen Pflanze des Misstrauens ist der große, alles verschlingende Monsterbaum geworden. Ich lasse mir von Bernhards Assistentin die Ordner mit seinen Kreditkarten-Abrechnungen zeigen. Zitternd und mit bösen Vorahnungen blättere ich die letzten Jahre durch. Ich finde Abrechnungen von Luxushotels, Flug- und Reisebuchungen für mehrere Personen, Shopping-Quittungen, Belege über Aufenthalte in einem Hotel neben unserem Ferienhaus. Bei all dem war ich definitiv nicht dabei. Aber jemand anders. Bernhard hat mich nach allem, was vorgefallen war, weiter angelogen. Er hat mich viel länger und viel öfter hintergangen, als er zugab. Es ist erschütternd. Er wird geschwiegen haben in der Hoffnung, dass nichts davon herauskommt und unsere Ehe nicht zerstört wird. Er erreicht das Gegenteil.

Nach der Lektüre versuche ich, ganz ruhig zu bleiben, räume den Ordner mit zitternden Händen in den Büroschrank, verabschiede mich von der Assistentin und gehe nach Hause.

Ich gebe Bernhard genau fünf Minuten Zeit zu verschwinden. Er versucht kurz, sich zu verteidigen, doch ich antworte scharf, dass ich seine Lügen nicht mehr ertragen kann, und wenn er nicht freiwillig ginge, würde ich seinen Koffer und die Klamotten einzeln aus dem Fenster werfen – so wie einst in München auf den Hotelflur. Auf dass es die ganze Straße sieht. Mir ist jetzt alles egal.

Das wirkt. Er packt hektisch einen kleinen Koffer (geht doch!) und verlässt das Haus. Ich warte in der Küche und sage kein Wort. Nicht mal weinen muss ich.

Seit ich die erste Mail entdeckt habe, sind sieben Wochen vergangen.

Bernhard zieht in ein gerade leer stehendes Apartment über dem Büro. Am folgenden Tag gehe ich zum Anwalt. Er ist ein guter Bekannter von uns beiden und ziemlich geschockt über die Entwicklung. Er setzt die Trennungsvereinbarung auf und berichtet, Bernhard habe morgens schon zigmal angerufen und sei völlig verzweifelt. Er würde alles unterschreiben, wenn ich nur bei ihm bliebe.

Bis dahin hatte ich mit niemandem darüber gesprochen, es war eine Sache zwischen Bernhard und mir, von der ich hoffte, dass wir sie lösen würden. Doch nun möchte ich mich trennen, da sollte man die Kinder informieren. Am Abend des Rauswurfs schicke ich seinen Kindern eine SMS. Die Söhne aus erster Ehe, die in der Nähe sind, kommen sofort vorbei. Einer stöhnt: »Oh nein, nun macht er schon wieder eine Familie kaputt. Wie damals bei uns.«

Auch Bernhard versendet SMS. Zu ihm geht erst mal keiner. Unsere beiden gemeinsamen Kinder sind entsetzt. Und wütend.

Ich weihe meinen Vater ein – meine Mutter verschone ich zunächst, sie würde ihren einzigen Schwiegersohn wahrscheinlich aufhängen, vierteilen, köpfen und zu guter Letzt entmannen. Meine Eltern reisen einige Tage später an, und mein Vater versucht, in einem neutralen Rahmen in Ruhe mit uns zu reden. Wir treffen uns im Büro. Er sagt zu Bernhard einen Satz, den ich mein Leben lang nicht vergessen werde.

»Was sollen denn deine Kunden denken? Die müssen doch denken: Wer so eine Frau betrügt, betrügt auch uns.«

Ich wünschte, mein kluger, lebenserfahrener Vater hätte unrecht gehabt. Kaum ein Jahr später werden wir vor den Trümmern unserer Existenz stehen.

Nachdem ich Bernhard rausgeworfen habe, verbiete ich ihm, das Haus zu betreten, und lasse den Code für die Eingangstür neu programmieren. Ich möchte ihn nicht mehr sehen. Er hält sich daran, klingelt auch nicht. Wenn ich zur Mülltonne gehe, einkaufen fahre oder sonstige Besorgungen mache, sehe ich ihn häufig vor der Haustür im Auto sitzen und mich anstarren. Ich ignoriere ihn. Er ruft an, ich gehe nicht dran, er sendet SMS und WhatsApp-Nachrichten – ich lese sie nicht und antworte nicht. Auch wenn es mir sehr schwer fällt. Wir leiden beide Höllenqualen.

Drei Freundinnen, die zufällig gerade gleichzeitig auf einer spanischen Insel sind, laden mich ein. Keiner weiß, was mit Bernhard und mir los ist. Ich werde einige Tage hinfliegen. Er fährt unterdessen mit den Kindern und deren Freunden in unser kleines Ferienhaus nach Lanzarote. Es ist seine Lieblingsinsel, seit Jahrzehnten sind wir mit der Familie dort hingefahren, auch die großen Kinder und meine Eltern sind häufig dort gewesen – es war für uns alle wie ein zweites Zuhause. Nur echt blöd, dass er – wie dem Ordner zu entnehmen war – auch die letzte seiner »Bekanntschaften« auf die Insel einlud, die natürlich »nur auf einen Kaffee« in unserem Häuschen war. Für den Rest buchte er ein Hotel nebenan.

Das sind so Sachen, die mich ECHT aufregen.

Also fahre ich nach Spanien und weile alle paar Tage bei anderen Freunden. Es ist total schön und dazu sehr viel stressfreier als die Urlaube mit meinem Gatten. Er hatte schon beim Frühstück vor allem die Sorge, wie und wo man zu Mittag und zu Abend isst. Ich glaube, er hat ständig Angst zu verhungern. Dabei ist er gar kein Kriegskind. Solcher Ernährungsprobleme muss ich mich nun nicht annehmen und begebe mich vertrauensvoll in die organisatorischen Hände meiner Freundinnen. Mir geht es so gut, dass ich mich frage: Wozu braucht man bitte schön einen Ehemann?

Nur leider sieht selbiger das anders und startet das Projekt »Wie bekomme ich meine Frau zurück«. Es wird ein Rückeroberungsfeldzug, von dem ein Napoleon träumen würde. Ich werde derart mit reumütigen SMS und Liebes-WhatsApps bombardiert, dass ich das Telefon abschalte. Bernhards Anrufe – etwa zwanzig am Tag – nehme ich nicht an.

Dann ruft mein Vater an: Bernhard sei völlig verzweifelt, er habe am Telefon geweint wie ein Kind, würde am liebsten mit einem Boot raus aufs Meer fahren und nicht wiederkommen.

»Selber schuld«, sage ich, »ich rufe ihn nicht an.«

Da ich Bernhard nicht gerade als Heulsuse kenne, frage ich vorsichtshalber bei einer Psychotherapeutin nach, ob man da was unternehmen müsse. Als sie hört, was geschehen ist, ist sie entsetzt: Bei einer Persönlichkeitsstruktur wie der von Bernhard, die – wie bei den meisten erfolgreichen Männern – mit nicht unerheblichem Narzissmus verknüpft sei, müsse man mit allem rechnen. Wenn man sie vom Thron wirft, würden sie sich schlimmstenfalls etwas antun.

Dann fragt sie: »Hat er die Kinder dabei?«

Ich: »Ja.«

Sie: »Narzisstisch veranlagte Personen brauchen Publikum, die machen so was nicht alleine.«

Um Himmels willen. Ich rufe Bernhard sofort an.

Nach der Rückkehr bleibt er noch einige Monate über dem Büro wohnen. Als das Apartment neu vermietet wird, nehme ich ihn wieder auf. Gefühle kann man nicht so einfach abschalten, und für mich ist das Zerbrechen der Familie ein Alptraum.

Er beteuert, wie leid ihm alles tue, und ich versuche, alles, was passiert ist, als Chance für uns und unsere Ehe zu sehen. Uns verbinden so viele Jahre, Interessen und Erlebnisse, unsere Kinder und die große Patchwork-Familie. Lohnt es sich da nicht zu kämpfen? Kann man Liebe ignorieren? Und tauscht man – wie mir einige nach einer Trennung neu verpartnerte Frauen erzählten – nicht einfach nur die Fehler?

Das alles sage ich mir gebetsmühlenartig. Ich habe mir nicht vorstellen können, dass ich bei der Eheschließung nicht für immer und ewig »Ja« sage. Daran möchte ich mich halten.

Wenn da nur der Monsterbaum nicht wäre.

Es dauert nicht lange, und ich werfe ihn wieder hinaus. Er verheddert sich immer mehr in seinem Lügengespinst.

Weiberfastnacht

Die ersten Wochen in der neuen Wohnung sind mit Auspacken und Einräumen angefüllt. Immer wieder kommen mit Kuchen und guter Laune bewaffnete Freundinnen vorbei und helfen mir, sonst käme ich überhaupt nicht voran. Ich habe das Gefühl, kaum ist ein Karton ganz ausgeräumt, füllen sich zwei andere wie von Zauberhand wieder neu. Auf dem Balkon tummeln sich derart viele leere, zusammengefaltete Kisten, dass die Fenster fast verdunkelt sind.

Kann es sein, dass Bücher sich heimlich vermehren, wenn man sie nachts im Dunkeln alleine lässt? Obwohl ich so viele verschenkt und ins Antiquariat gegeben habe, stapeln sie sich meterhoch auf dem Wohnzimmerboden. Ich baue daraus nach Farben sortierte Türme und schiebe sie unter die Anrichte. Sieht hübsch aus.

Und wieso habe ich eigentlich mehr Weihnachtskugeln, als der Kaufhof im Dezember dekoriert? Es gibt keine Farbschattierung, in der ich keinen Weihnachtsschmuck besitze. Kann man nicht einen Teil verschenken? »Nein«, ruft Lilian entsetzt, »den nehme ich später mit!« Das ruft sie auch bei den Blümchentellern und -tassen, den mindestens zwanzig klitzekleinen Vasen für einzelne Blumen, den Plastik-Tischsets mit Afrika-Motiven, den CDs von Prinzessin Lillifee und den halb zerfledderten Strandmatten. Resigniert stopfe und stapele ich alles in jede verfügbare freie Ecke. Als mir eine Freundin sagt, sie habe vom letzten Umzug auch noch zig Kisten im Keller, wird mir schummerig: Sie ist vor zehn Jahren umgezogen. Und ich habe keinen Keller.

Vor lauter Geräume komme ich nicht zum Bürgerbüro, um uns anzumelden, keiner außer den fleißigen Helferinnen und meinen Anwälten kennt unsere neue Anschrift. Nicht mal meine Eltern wissen genau, wo wir jetzt wohnen.

Karneval steht vor der Tür. Ein paar Freundinnen überreden mich, an Weiberfastnacht mit ihnen und einigen anderen mittags in ein Festzelt zu gehen. In Düsseldorf wird an dem Tag ausgelassen gefeiert, die halbe Jecken-Schar ist zum Auftakt der tollen Tage auf den Beinen. Ich war seit etlichen Jahren nicht mehr an Weiberfastnacht unterwegs, aber die Mädels finden, dass ich nach dem furchtbaren Jahr und dem Umzug mal auf andere Gedanken kommen sollte. Ich krame in der Kostümkiste und fische eine Kochmütze und eine weiße Kochschürze heraus. Mit einer schwarzen Hose, einem unter den Pullover gestopften Kissen und einem Rührlöffel in der Schürzentasche ist das eine prima Verkleidung.

Ich putze mir morgens die Zähne, und mein Hund weiß, dass wir nun gleich Gassi gehen. Wie stets tobt er schon ausgelassen vor Freude durch die Wohnung. Mit Müh und Not bekomme ich den Wildfang an die Leine und lasse mich lachend von ihm aus der Wohnung und über den Feldweg hinter unserem Haus schleifen. Das Wetter ist nicht zu kühl und klar, es ist ein herrlicher Wintertag. Fast eine Stunde laufen wir zwei durch die Felder, der Hund findet die neue Umgebung immer noch spannend und schnuppert an jedem Grashalm und jedem Kräutlein, das am Wegesrand steht. Ich fühle mich unbeschwert – der Umzug ist bewältigt, die neue Wohnung wird gemütlich, den Fluglärm muss man halt hinnehmen. Und ich kann all die schrecklichen Dinge, die in unserem Haus nach der Verhaftung passiert sind, hinter mir lassen. Ich muss mich nicht mehr erschrecken, wenn es klingelt. Ich muss keine Angst mehr haben, in den Briefkasten zu schauen. Endlich finden die Kinder und ich etwas Frieden, denn noch weiß niemand, wo wir sind.

Als ich um die Ecke biege und mein Blick auf unseren Briefkasten fällt, erstarre ich zur Salzsäule: Knallgelb und höhnisch leuchtet mir ein Umschlag entgegen. Ich muss gar

nicht hinsehen, um zu wissen, was das ist: Post vom Oberge-
richtsvollzieher, bestimmt ganz schreckliche. Persönlich und
an meine Adresse überbracht. An eine Adresse, die niemand
außer engen Freunden bislang kennt. Nicht mal meine Eltern
wüssten die Straße zu benennen. Wie kann so etwas gehen?

Da leistet irgendwer geradezu detektivische Arbeit. Ich bekomme noch im Hausflur einen Heulkrampf und gehe in die
Hocke, mein Hund schaut mich ganz irritiert an und stupst
zart an meinem Kopf. Wollen die Gerichtsvollzieher uns jetzt
auch die neue Bleibe ausräumen, obwohl Bernhard noch keinen Fuß hineingesetzt hat und die nächsten Jahre auch nicht
setzen wird?

Wie konnte ich nur glauben, dass wir nun Frieden haben?
Wie konnte ich nur hoffen, dass es nun besser wird? Ich weiß
doch seit nunmehr fast zwanzig Monaten, wie die Gegenseite
agiert! Zitternd öffne ich den Brief. Es ist ein Gerichtsbe-
schluss. Der Witwen-Anwalt war mit seinen im letzten Dezember vor dem Kölner Gericht zurückgezogenen Beanstan-
dungen diverser Passagen in meinem Buch weiter vor das
Landgericht Hamburg gezogen – Juristen nennen das »Fo-
rums-Shopping« (Forum = Gericht). Der Stempel zeigt, dass
ihm der Beschluss bereits vor knapp 14 Tagen zugestellt worden war.

Ich rufe einen Rechtsexperten in Sachen Medien an. Er
beruhigt mich, dass solch ein Schreiben nicht besagt, dass sofort der Gerichtsvollzieher die Wohnung stürmen würde –
obwohl es vor einem Jahr in unserem alten Haus ja so war. Da
kam vorher kein Brief. Der Anwalt findet das mit der Zustellung an den noch unbekannten Wohnsitz jedoch ebenfalls
verwunderlich, mutmaßt, dass vielleicht jemand dem Umzugswagen hinterhergefahren sei. Meine Tochter sagt später:
Mama, die wollten dich psychisch treffen.

Dafür spricht, dass mir das Schreiben vom Witwen-Anwalt auffällig lange nach Eingang des Gerichtsbeschlusses zugestellt wurde – nämlich erst knapp zwei Wochen später, und zwar ausgerechnet an Weiberfastnacht. Ist das ein Zufall? Die Witwe ist wie viele Kölner Frohnaturen dem Karnevalstreiben zugetan. Das kann man sehr schön auf einem Foto in einem bunten People-Magazin sehen, in dem sie verkleidet als eine Art Kapitän im Minirock ausgelassen schunkelnd mit sehr weißen Zähnen sehr fröhlich in die Kamera strahlt. Freut sich da jemand, wenn man mir Karneval verhagelt? Vielleicht sehe ich ja schon Gespenster.

Mir fällt ein, was mir neulich eine Bekannte, die Familienanwältin ist, von zweifelhaften Maßnahmen eines gegnerischen Anwalts in einem Scheidungsfall erzählte, der einen Peilsender am Auto der getrennt lebenden Ehefrau seines Klienten anbringen ließ. Und ich denke an eine andere Freundin, in deren großer Kanzlei regelmäßig die Räume und Telefone auf Wanzen abgesucht werden. An so etwas hätte ich früher im Leben nicht gedacht. Ich glaubte immer, das gibt es nur in Filmen.

Ich unterstelle niemandem etwas, aber verunsichert und verängstigt über die direkte Zustellung an meine noch unbekannte Adresse frage ich: »Verliert man nicht die Zulassung, wenn man einen Beobachter hinter jemandem herschickt oder Ähnliches macht?«

»Man muss das ja nicht persönlich veranlassen. Und man muss es beweisen«, antwortet der Rechtsberater.

Seit ein Polizist nach Bernhards Verhaftung zu mir sagte: »Wir wussten immer, wo Sie sind«, und seit mir eine Strafverteidigerin erzählte, dass in juristischen Auseinandersetzungen nicht nur der Staat Leute abhört und beobachtet, halte ich manches für möglich. Leide ich schon unter Verfolgungswahn?

Ich werfe die Kochmütze und die Kochschürze in die Ecke,

sage meinen Freundinnen ab und verbringe den Rest des Tages deprimiert am Schreibtisch.

Erst als ich mich beruhigt und meine kleine Panikattacke im Griff habe, lese ich das Schreiben ganz sorgfältig.

In der Hansestadt urteilt man zu der Mehrzahl der angegriffenen Buchpassagen, dass sie u. a. eine »zulässige Meinungsäußerung darstellen«, und befindet im Hinblick auf meine Aussagen zum Strafprozess und dessen Begleitumständen: »Unwahre Äußerungen, die zu untersagen wären, sind nicht festzustellen.« Lediglich zwei Halbsätze aus den insgesamt acht beanstandeten Ausführungen, in denen es um die Erbschaftssteuer und um eine Sache mit meinem Mann geht, müssen in der nächsten Auflage meines Buches entfernt werden. Bei Zuwiderhandlung droht ein Ordnungsgeld von 250.000 Euro oder eine Ordnungshaft bis zu sechs Monaten bzw. insgesamt höchstens zwei Jahren. Ob wir dann alle – der Senior-Verleger, der Geschäftsführer, der Verlagsleiter, die Verlegerin und ich – in eine Zelle kommen würden? Vielleicht zu Bernhard?

Die bereits gedruckten und gebundenen Exemplare können jedoch unzensiert bleiben und dürfen weiterhin verkauft werden.

Also zunächst einmal alle.

Eine sehr gute Nachricht.

Einige Tage später titelt eine Boulevard-Zeitung[8] an die Witwe appellierend:

---

[8] Express, 6.2.2016.

**STOPPEN SIE DIE KLAGEN
GEGEN DIE KRÄMERS!**

Auf einer ganzen Seite zitiert das Blatt Prominente zu den Vorgängen:

MENSCHLICHER ABGRUND,
sagt eine Schauspielerin,

GESCHLAGEN UND GETRETEN,
kommentiert ein Unternehmer,

ENDLICH IN RUHE LASSEN,
meint ein Priester,

PSYCHO-TERROR,
nennt es eine Mode-Expertin und

REVANCHE-FOUL
ein Intendant.

Ziemlich treffende Zusammenfassung, finde ich.

FRÜHLING 2016

Das Leben steckt voller Überraschungen

Dann passiert etwas Merkwürdiges. Eine Freundin lässt mir ausrichten, dass der Schwager der Witwe sich freuen würde, wenn ich Kontakt zu ihm aufnehme. Er ist immerhin der Bruder des Verstorbenen, dessen Erben Bernhard ins Gefängnis gebracht haben. Mir ist etwas schwummrig. Was bedeutet das? Die Witwe macht uns über ihren Anwalt das Leben schwer und ist zu keinem Kompromiss bereit. Vielleicht will er vermitteln? Kehrt nun Frieden ein? Werde ich wieder schlafen können?

Nach einigen Tagen rufe ich etwas nervös in der Firma an. Umgehend werde ich mit einem Herrn verbunden, der sich über den Anruf freut. Er lädt mich für die kommende Woche in sein Büro ein.

Auf der Hinfahrt denke ich, dass das alles irgendwie merkwürdig ist. Wo fahre ich hin? Zum Chef des Unternehmens, dessen angeheirateter Stamm unser bisheriges Leben wegen Bernhards Taten zerstört hat? Diese ganze Geschichte steckt wirklich immer wieder voller Überraschungen. Vielleicht ist das ja zur Abwechslung mal eine angenehme.

Und das ist sie.

Der Herr ist groß gewachsen und weißhaarig wie sein Bruder, die Ähnlichkeit ist nicht zu übersehen. Wir schütteln uns die Hände. Ein freundlicher, aufmerksamer, zurückhaltender Mann mit Umgangsformen. Ich entspanne mich. Der Konferenztisch ist gedeckt mit Kaffee, Wasser und Schalen voller Kekse und Süßigkeiten. Ich nehme Platz, er schenkt mir Kaffee ein und sagt, dass er sich freue, dass ich gekommen bin. Und wie leid es ihm tue, was den Kindern und mir widerfahren ist. Ich solle bitte bei den Keksen zugreifen, so dünn wie ich sei. Er wolle mich einfach nur mal persönlich kennenlernen, unsere Familen hätten ja auf besondere Weise miteinander zu tun und leider Probleme mit den gleichen Personen.

Natürlich habe ich schon über Differenzen innerhalb der Unternehmerfamilie gehört und gelesen, bei denen es um das Erbe und Firmenvermögen ging. Viele Gerüchte sind darüber im Umlauf, die in meinen Augen Sinn machen – ich kenne aus Gesprächen die Meinung des Verstorbenen, was sein Vermögen und seine Erben betraf. Das ganze Ausmaß der Streitigkeiten blieb der Öffentlichkeit bis dato verborgen – die ältere Familie ist bislang anders als die Witwe um Zurückhaltung bemüht.

Mein Gastgeber ruft einen Vertrauten hinzu. Er trägt etwas unter dem Arm und begrüßt mich herzlich. Auch er bedankt sich für mein Erscheinen – dies sei nicht selbstverständlich, meint er – und schiebt mir das Etwas hin: Es ist mein Buch. Ich solle ihm doch bitte eine Widmung hineinschreiben. Der Bruder holt ebenfalls das Buch hervor, auch er wünscht sich eine Widmung. »Wir haben den Text sehr genau gelesen. Und wir haben auch gesehen, was Sie NICHT geschrieben haben«, bemerkt der Vertraute. Im Gegensatz zu der Witwe respektive deren Anwalt (der womöglich auch nicht alles weiß) haben sie positiv registriert, dass ich längst nicht alles erzählt habe, was die Witwe und ihr Verhalten betrifft. Wir plaudern angeregt über Themen wie unsere Hunde, Urlaubsorte, was die lieben Kinder so machen. Die Zeit verfliegt im Nu. Nach einer guten Stunde verabschieden wir uns und verabreden ein Wiedersehen, denn es war ein äußerst nettes Zusammenkommen.

Gut gelaunt trete ich die Rückfahrt an und lasse mir alles durch den Kopf gehen. Ich erinnere mich an die ersten, legendären Sätze in Leo Tolstois »Anna Karenina«: »Alle glücklichen Familien sind einander ähnlich, jede unglückliche Familie ist unglücklich auf ihre Weise.«

Ich empfinde etwas, das merkwürdig klingen mag: Wir sind irgendwie eine glückliche Familie. Denn wir halten zusammen und verlieren nicht den Mut. Trotz allem.

Jenseits des sehr viel später von einem Psychologen so bezeichneten Karenina-Prinzips, nach dem alle Faktoren zum Gelingen einer Sache und zum Glücklichsein stimmen müssen und nur ein fehlender Bestandteil zum Scheitern und »Unglücklichsein« führt, habe ich meine ganz persönliche Messlatte für innere Zufriedenheit (den Begriff »Glück« finde ich sehr groß). Den Faktor Tod und Gesundheit lasse ich in dieser Skala außen vor: Die Gesundheit zu verlieren oder einen geliebten Menschen schwer krank zu wissen oder verabschieden zu müssen, ist das Schlimmste und liegt außerhalb unseres persönlichen Einflusses – es sei denn, man hat einen ungesund ausgeprägten Hang zu Alkohol, Nikotin, reichlich fettem Essen, halsbrecherischem Fahrstil oder Sportarten wie Mount-Everest-Besteigen und Apnoetauchen.

Hier die subjektive Dorothee-Zufriedenheits-Liste:
- *Gibt es Menschen, die ich von Herzen liebe und für die ich Verantwortung übernehme?*
- *Gibt es Menschen, die mich – egal, was ich habe, was ich bin und wie es mir geht – aufrichtig lieben?*
- *Habe ich alles, was man zum Leben braucht?*
- *Habe ich eine Aufgabe, die mich erfüllt – eine Familie, einen Partner, einen Beruf, ein ehrenamtliches Engagement oder ein tiefes Interesse?*
- *Habe ich wahre Freunde?*
- *Habe ich Achtung vor mir selbst und mag ich mich selbst?*
- *Fühle ich mich trotz alltäglicher Sorgen oder Ängste grundsätzlich sicher und wohl in meiner Umgebung – in meiner Wohnung, meiner Stadt, meinem Land?*

Wenn Sie die Mehrzahl der Fragen mit ja beantworten können, gratuliere ich: Sie müssen ein zufriedener Mensch sein.

Falls in Ihren Augen zur Zufriedenheit erstrebenswerte Dinge fehlen wie: ein großes Haus, Personal, ein dickes Auto, teurer Schmuck, Designerklamotten, Luxusreisen oder schicke Partys, dann wünsche ich von Herzen, dass Sie das auf keinen Fall ernst meinen. Denn all dies zu haben ist zweifellos schön und erleichtert vieles – aber es ist wertlos und ohne jeden Sinn, wenn niemand da ist, der einen um seiner selbst willen liebt. Wenn man keine erfüllende Aufgabe hat oder wenn man sich selbst nur mit ein paar Promille im Blut oder sonstwie betäubt erträgt.

Botanische Besonderheiten

Die meisten Menschen, die keinerlei finanzielle Sorgen haben, gehen verantwortungsbewusst mit ihrem Reichtum um. Doch bei manchen, die beim wöchentlichen Stadtbummel ohne mit der Wimper zu zucken fünf- oder gar sechsstellige Beträge ausgeben können, kann man beobachten, dass die Leere mitten im unermesslichen Reichtum ebenso unermesslich sein kann. Vor allem, wenn man keine Aufgabe hat. Es betrifft in erster Linie jene, die sich ihr Geld nicht selbst verdienen mussten. Oberflächliche Menschen, denen tiefe Gedanken so fern sind wie der Nordpol dem Südpol.

Vielleicht ahnen sie ihre innere Leere. Dann kann zu viel Geld seltsame Blüten treiben: Neid auf jene, die erfüllter, zufriedener, gebildeter sind, und eine irrationale Gier nach noch mehr. Das sagte so in etwa schon Platon, der Vater aller europäischen Philosophen und Denker: Das Mehr-haben-Wollen ist aller Übel Anfang. Die Begehrlichkeiten mindern sich ja nicht, wenn man sich alles kaufen kann. Im Gegenteil: Man will und braucht immer mehr, weil nichts Materielles einen nachhaltig im Inneren befriedigt, wenn ein Sinn im Leben fehlt. Da helfen weder der dritte Sportwagen noch die zwanzigste Birkin-Kroko-Bag oder der dritte Zehn-Karäter. Es ist ein Leben unter einem anderen Monsterbaum: Er glitzert golden, seine Lianen bestehen aus Überdruss, innerer Leere und Langeweile. Sie ersticken echte Lebendigkeit, Reflexion und Wertschätzung.

Wie oft überlege ich, was meinen Mann zum Betrüger werden ließ. Auch da kam mir das Bild einer monsterhaften Pflanze, deren Auswüchse alles zunichtemachten und zerstörten, was er erreicht hatte. Denn wie kann es dazu kommen, dass jemand, der sich von fast ganz unten zu einem der international wichtigsten und einflussreichsten Kunst-Manager hocharbeitete, so vom Weg abkommt und alles riskiert, was er in über vierzig Jahren hart erarbeitet hat? Geschäftlich und auch privat das Maß verliert? Seinen Ruf, seine Firma, seine Zukunft, seine Ehe und seine Familie riskiert? Welches ungute Gift hat in seinen Adern überhandgenommen? Es muss eine Substanz sein, die jedes Regulativ betäubt, jeden Einwand verstummen lässt. Es ist ein tückischer, schleichender Stoff, der mit ein paar Milligramm beginnt und dann sein Vernichtungswerk fortfährt.

Es ist das Gift der Gier nach Beifall, gepaart mit dem Gift des Erfolgs, der einen blind macht. Es vermittelt dem, der es schluckt, das Gefühl, über Wasser gehen zu können. Er verliert den Sinn für Rücksicht, Recht und Realität. Er fühlt sich unverwundbar.

Wie Bernhard, mein fremder Mann.

Der Mann mit den zwei Gesichtern

Bernhard ist ein Selfmade-Mann. Er kommt aus einem bodenständigen siegerländischen Haus, in dem Kunst keine Rolle spielt. Doch kaufmännische Raffinesse und ungewöhnliche Kreativität, wenn es ums Geldverdienen geht, hat er im Blut: Schon in der Realschule kommt er auf die Idee, aus Sexheftchen namens »Eldorado«, die er beim Vater eines Freundes findet, Seiten herauszureißen und diese gut versteckt im Diercke-Weltatlas in der Schule anzubieten: Gucken dürfen Mitschüler Schwarzweißfotos für 10 Pfennig, kaufen zu 50 Pfennig. In Farbe erhöht sich der Kaufpreis auf eine Mark.

Ob sich bei diesen Bildern wie bei vielen seiner zukünftigen Geschäfte eine positive Wertentwicklung einstellte, entzieht sich meiner Kenntnis. Später wird er sehr häufig und mit Stolz von diesem Geschäftsmodell mit nackten Frauen erzählen. Trotz dieses frühen wirtschaftlichen Erfolges auf Handels- bzw. Voyeur-Basis studiert er Sozialpädagogik. Vor allem aus dem Grund, so erklärt er, weil es an der Fachhochschule seinerzeit nivellierte Noten gab.

Zu jener Zeit ist das System noch Spät-68er-mäßig: antiautoritär, frei und wenig reglementiert. Bernhard kann reden und Leute begeistern, er steht gern im Mittelpunkt: Er ist AStA-Vorsitzender und Hausbesetzer, das Haar trägt er lang und tendenziell ungekämmt. Den nie wirklich schmächtigen Körper steckt er in einen langen Ledermantel und Boots. Er ist kein Feingeist und kein Intellektueller und optisch eher ein Hippie. Aber einer mit Ehrgeiz und dem unbedingten Willen, etwas zu erreichen. Und ohne sentimentales »Love & Peace«-Gedöns zu Gitarrenklängen.

Mit Anfang zwanzig heiratet er das erste Mal; seine etwas ältere Freundin, eine Krankenschwester, ist schwanger. Die Ehe hält kein Jahr.

Bernhard will Geld verdienen, es zu etwas bringen. Er sucht Anerkennung und Erfolg – nicht die schlechtesten Motivationen für den Berufsweg. Er hat das Zeug dazu – er ist ein Visionär, hat immer neue Ideen, ist fleißig und hat vor nichts Angst. Sagen lässt er sich nichts. Ihn faszinieren die frei denkenden, kreativen Kunststudenten an der Akademie. Und er hat mitbekommen, dass man mit Kunst viel Geld verdienen kann, wenn man es nur richtig anpackt. Da sieht er seine Zukunft.

Den professionellen Weg in die Welt der ihm bis dahin fremden zeitgenössischen Kunst betritt er mit einer Anstellung in einer aufstrebenden, neuen Galerie. Doch dort sitzen und auf Kundschaft warten liegt ihm nicht; auch möchte er kein Angestellter sein. Über den Räumen einer Buchhandlung, für die er als Student Waren ausgefahren hatte, veranstaltet er eine erste eigene Ausstellung mit Grafiken von Uecker, Mack und Piene. Er weiß zu der Zeit nicht, was ein Unikat ist, Kunsttheorie oder ähnlich Hochfliegendes ist ihm völlig fern – aber er hat Mut und will etwas Neues probieren.

Architekten erscheinen ihm als gute Partner – sie bauen, und in öffentliche Gebäude muss Kunst. Bald gründet er mit einem Partner – er ist Architekt – die erste Art-Consulting-Firma in Deutschland. Sie bieten Kunst für Kanzleien, Praxen und schließlich große Unternehmen an. Bernhard fährt Tausende Kilometer mit dem Auto, hält nach Baukränen Ausschau, um an Baustellen die Schilder zu lesen und zu notieren, welcher Architekt zuständig ist, um diesem dann Kunstkonzepte und entsprechende Werke anzubieten.

Es funktioniert hervorragend. Bernhard brennt für das, was er tut. Ihm liegt das große Kino mehr als das Kammerspiel. Vor Publikum blüht er auf. Er hat ein gutes Gespür für kommende Künstler und kann die Menschen mitreißen. Er ist ein Jäger nach guter Kunst und nach vielversprechenden

Künstlern, die im Wert steigen werden. Es gibt kaum einen besseren Kunstberater.

***

Die beiden Partner trennen sich nach einigen Jahren, Bernhards Kunstberatungsfirma wächst rasant, irgendwann gibt es sechs Niederlassungen in Deutschland. Aus dem etwas schlunzig wirkenden Freak ist einer geworden, der mit Vorstandsvorsitzenden und Künstlern von Weltrang auf Augenhöhe spricht.

Er hat es geschafft und zeigt das gerne. Er trägt nun Anzüge, die aufgrund seiner schwankenden Gewichtsklasse mehr oder weniger gut sitzen, die Haare bleiben verhältnismäßig lang. Immer hat er etwas leicht Verwegenes an sich, die Krawatte sitzt locker, die Rasur kann sich um einige Tage verspäten. Er ist nie ganz angepasst, doch kann er mit jedem jovial reden – ob Taxifahrer oder Bankchef. Bernhard ist flexibel, wenn Topmanager bei der Auftragserteilung für sie selbst vorteilhafte Bedingungen fordern. Unbeirrt geht er seinen Weg. Der führt nach oben.

Er fliegt mit dem unter Flugangst leidenden Andy Warhol im Privatjet, besorgt Keith Haring einen Ghettoblaster, damit der beim Sprayen eines Wandgemäldes in einer großen Düsseldorfer Werbeagentur seine Lieblingssongs hören kann, er kauft den Oldtimer von Joseph Beuys und ist einer der Ersten, der von der einzigartigen Bedeutung von Gerhard Richters Gemälden und Andreas Gurskys Fotoarbeiten überzeugt ist und sie kauft.

Bernhard ist ein Menschenfänger. Und ein Mann mit zwei Gesichtern. Eines ist mitreißend, charmant, selbstbewusst und kreativ, auch ehrgeizig und von sehr hohem Geltungsdrang. Das andere, erst Jahre später offen zutage tretende, ist schrecklich. Doch er wickelt fast alle um den Finger. Auch mich.

Das Unternehmen läuft gut, Bernhard verdient entsprechend, er hat engagierte Mitarbeiter und neben äußerst toleranter zweiter Gattin und weiteren Kindern nebenher Frauengeschichten, von denen eine zu einem außerehelichen Kind führt. Als Anfang der 90er die erste große Kunstmarktkrise hereinbricht, ist sein Unternehmen hoch verschuldet, da Banken zu jener Zeit Kredite noch großzügig vergaben. Die fälligen Zinszahlungen sind immens.

In dieser Zeit bewarb ich mich als Art Consultant in der Niederlassung in München. Ich hatte zuvor ein paar Monate in Rom und ein Jahr in Paris gelebt, war frisch promoviert und gerade wieder nach München zurückgezogen, wo ich studiert hatte. Ich war 27 Jahre alt, arbeitete bei einem TV-Sender in der Nachrichtenredaktion und hatte mich bei Bernhards Firma beworben, um wieder näher an der Kunst zu sein.

Das Unternehmen steht Anfang der Neunzigerjahre wie so viele andere in der Branche aufgrund der Verbindlichkeiten und des dramatischen Verfalls des Kunstmarktes einen Fingerbreit vor dem Zusammenbruch. Aber Bernhard ist zäh, findig und gibt nicht auf. Niemand wird entlassen, er lässt sich ausnahmsweise beraten, verhandelt gemeinsam mit seinem Berater hart mit den Banken, schafft es und übersteht die schwierige Zeit.

Nach wenigen Jahren wird er erfolgreicher als je zuvor, obwohl rasch die Zeiten nahen, in denen Firmen nicht mehr so viel in Kunst investieren wie in den goldenen Achtzigern. Banken und Versicherungen fusionieren oder werden übernommen. Weltunternehmen wie IBM geraten in Schieflage und veräußern ihre Kunstwerke, anstatt welche zu erwerben. Die Hauptkundschaft der Kunstberatung entfällt langsam,

Bernhard beschließt, die Zahl der Niederlassungen im Laufe der Jahre zu verringern. Das Geschäft läuft dennoch gut, Bernhard berät weiterhin sehr erfolgreich große Firmen, aber auch private Kunden rücken in den Vordergrund: Unternehmer, die eigene Sammlungen aufbauen möchten, oder Erben beachtlicher Vermögen.

Dann wird Bernhard gefragt, ob er Präsident des Fußballclubs seiner Heimatstadt werden wolle. Er war zwar von Kindesbeinen an ein treuer Fan dieses Clubs, aber vom Management eines traditionsreichen Sportvereins mit all seinen Seilschaften versteht er kaum etwas. Natürlich fühlt er sich geschmeichelt – wer wäre das nicht – und sagt zu. Wohl wissend, dass ein Präsident nicht nur aufgrund seiner Visionen und Führungsqualitäten engagiert wird, sondern auch weil finanzielle Zuwendungen von ihm erwartet werden.

Kaum ist Bernhard Präsident, wird er auch in jenen Kreisen bekannt, die mit Kunst nichts zu tun haben: Er steht oft in der Zeitung – vor allem als der Verein im Laufe der nächsten Jahre statt aufzusteigen stetig absteigt. Er steckt Geld in den Club, auch wenn dies seine Verhältnisse zu übersteigen droht. Er organisiert eine vielbeachtete, sehr erfolgreiche Kunstauktion, um Mittel zu generieren. Und er beginnt, seine Firma zu vernachlässigen, denkt fast nur noch an den Club. Bernhard sorgt mit seinen Ideen für Schlagzeilen, man erkennt ihn auf der Straße, Taxifahrer freuen sich, wenn er zu ihnen in den Wagen steigt, Passanten klopfen ihm gelegentlich auf die Schulter, in Politik- und Kulturkreisen betrachtet man sein großes Engagement für den Breitensport mit Wohlwollen. Er ist prominent und Gesprächsthema. Das gefällt ihm.

Ich lebe zu dieser Zeit noch in München, bin jedoch häufig in Düsseldorf, wo ich noch kaum jemanden kenne. Auch Bernhard sehe ich selten. Er ist fast jeden Abend für den Verein unterwegs, ich hocke allein in der Wohnung und kann nicht weg – Kino, Kneipe, Theater oder Ähnliches. Neben mir auf dem Sofa räkelt sich nämlich ein munteres Baby, das mit erstaunlich wenig Schlaf auskommt. Maximilian. Bernhard und ich haben knapp anderthalb Jahre zuvor geheiratet.

Ich bin sauer. So einseitig hatte ich mir das mit der Ehe und dem Familienleben nicht vorgestellt. Also bleibe ich vorerst in München wohnen.

Sechs Hochzeiten und fast ein Todesfall –
Sommer, 19 Jahre zuvor (1996)

Anfang 1996 bricht etwas mit nahezu epidemischen Zügen aus. Jahrelang schlummerte das Virus im Stillen, doch nun bricht es mit doppelter Kraft hervor: das Hochzeitsfieber. Haben bislang lediglich Bekannte oder Klein-Cousinen den Weg zum Traualtar gefunden, erfasst es nun den eintrudelnden Einladungen zufolge den halben Freundeskreis. Mein alter Tanzschulfreund: vom Markt. Der schnuckelige Nachbarssohn: vergeben. Meine Schulfreundinnen Susi, Martina und Steffi: dem Ehegelübde verpflichtet. Meine ehemalige Arbeitskollegin sowie meine Assistentin: im Brautkleid-Rausch. Die einen heiraten im Hunsrück, die anderen geben sich in Göttingen das Jawort, die Nächsten in Hamburg und ganz Innovative auf Mallorca oder in Venedig. Kann man nicht einfach dort das Standesamt und den Pfarrer bemühen, wo die Mehrzahl der Verwandten oder Freunde wohnt? Aber nein – es muss was Besonderes sein, auch wenn der Bezug zur jeweiligen Örtlichkeit an den Haaren herbeigezogen ist und die Organisation dreimal so kompliziert wird. Von den Kosten ganz zu schweigen. Was hat Susi mit einer Baleareninsel zu tun? NICHTS – außer einem zweiwöchigen Urlaub in Cala d´Or! Und Martina mit Venedig? Da war sie mal drei Tage mit ihren Eltern und fand es soooo romantisch.

Und was einen vernunftbegabten Menschen dazu treibt, im Hunsrück zu heiraten, wenn da weder ein Erbonkel noch sonst ein Familienmitglied wohnt, weiß ich auch nicht. Wahrscheinlich ist die Dorfkirche ein Kleinod des bis dato völlig unbekannten Hunsrücker Spätbarock. Man kommt mit der Planung der Wochenenden jedenfalls kaum hinterher. Erschwerenderweise muss man sich aufgrund von Termin-Doppelungen entscheiden: Fliegt man im Juni Richtung Spanien oder gurkt man doch lieber ins deutsche Mittelgebirge? Allmählich bekomme ich nervöse Anwandlungen, wenn *ein weißer Büttenpapier-Umschlag mit Adresse in Schönschrift durch den Briefschlitz flattert.*

Zumal ich etwas im Stress bin. Ich werde nämlich ebenfalls heiraten. Und zwar Bernhard. Eine Selbstverständlichkeit ist dies nicht – in den fünf Jahren unseres Zusammenseins gab es durchaus eher disharmonische Ereignisse, die mit »Stoisch-überhebliches Hornvieh trifft auf Kreuzung aus hochgehender Tarantel und wutschnaubendem Stier« nur unzureichend beschrieben sind. Aber was soll man sagen, wenn der Dauerfreund einen am Valentinstag ins Lörricker Sterne-Lokal einlädt und zwischen Hummersuppe und Steinbutt in Senfsoße grinsend fragt, ob eventuell eine Eheschließung in Frage käme? Er hat zwar keinen Verlobungsring dabei und kniet auch nicht auf dem Teppichboden, aber ich gedenke der Worte meines Vaters, knabbere ein Stück Brot zu Ende und sage ebenfalls grinsend: »Ja.«

Mein Vater meinte nämlich mal, ich sei schwer vermittelbar und würde nur schwerlich einen Mann finden. Wegen meines Dickschädels. Außerdem sind wir nun seit fünf Jahren zusammen, und den temperamentvollen Zoff werden wir bestimmt im ruhigen Hafen der Ehe in den Griff bekommen. Besser, man streitet ab und zu und stellt die Positionen klar, als über alles die Decke des wohligen Schnurrens zu legen und so zu tun, als würde man sich niiiiiiemals zanken wollen. Glaube ich keinem. Sich lieben heißt ja nicht, dass man sich nicht streiten darf.

Bernhard ist zudem ein bereits gebrauchtes Sondermodell, das es auf zwei Ehefrauen und sechs Kinder nebst drei Müttern gebracht hat. Er hat mir erzählt, dass er häufig fremdgegangen ist, aber mit mir sei das anders. Ich sei die Frau seines Lebens, nie habe er eine Frau so geliebt; er hat mir das alles gebeichtet, um quasi rein zu sein. Ich muss äußerst naiv sein, denn ich glaube ihm. »Der ist bestimmt geläutert und jetzt treu«, denke ich. Bei mir ist er anders und freut sich, endlich angekommen zu sein. Das versichert er mir jedenfalls jeden Tag.

Perfektionistisch wie ich bin, beginne ich im Februar mit der Planung und verschicke ein »Save the date«. Angesichts der Einladungsflut ist das eine zwingend notwendige Maßnahme, wenn man nicht alleine mit den Eltern und zwei Trauzeugen feiern möchte. Das Fest ist für den 20. Juli geplant. Dieses Datum habe ich gewählt, weil man es sich aufgrund der historischen Ereignisse gut merken kann – falls mein Zukünftiger mal den Hochzeitstag vergessen sollte, wird ihn ja hoffentlich der Jahrestag des Hitler-Attentats daran erinnern. (Die Strategie funktioniert, wie sich zeigen wird, übrigens überhaupt nicht. Er wird so ziemlich jeden Hochzeitstag vergessen.) Heiraten möchten wir in meiner Wahlheimat Bayern, am schönen Tegernsee. Ein Lokal mit Blick über das pittoreske Tal und den See habe ich gottlob noch buchen können, ebenso etliche Hotelzimmer schon mal geblockt. Der Tegernsee ist ja bei Sommerfrischlern nicht gerade unbeliebt.

Wie jedes halbwegs normal tickende weibliche Wesen würde ich gerne mit allem Drum und Dran heiraten. Sprich: kirchlich. Mit Brautkleid, Orgelmusik, viel Blumen und viel Geheule. Romantisch halt. Bernhard ist zwar bereits zweimal geschieden, hat aber nie kirchlich geheiratet und ist außerdem protestantisch. Wir klären die Frage mit einem Monsignore, der Theologe und Kirchenrechtler ist. Er stellt fest, dass einer kirchlichen Trauung eigentlich nichts im Wege steht, man müsse es halt mit dem jeweiligen Pfarrer besprechen.

Also rufe ich den zuständigen Priester der Gemeinde an, in der wir heiraten möchten. Freundlich tue ich unseren Wunsch kund: Gerne würden wir in seiner schönen Kirche heiraten, und zwar am 20. Juli, in gut vier Monaten also.

In breitestem Bayerisch werde ich angeraunzt, als hätte ich ihn aus dem Mittagsschlaf geweckt. Woher wir denn seien, möchte er wissen. Ich antworte: »Aus dem Rheinland, aber ich lebe und arbeite seit zwölf Jahren in München, und mein Verlobter hat seit mehreren Jahren dort eine Firma.«

»Also Preußen seid's, und aus der Hauptstadt kimmt's« knurrt er.

Ich bejahe die Frage und denke, was das denn jetzt bitte wird? Zu weiteren Fragen komme ich jedoch nicht, denn schon raunzt es erneut vom anderen Ende der Leitung: »Der 20. is a Samstag, da hob i koa Zeit nit.«

»Wieso?«, frage ich höflich.

»Da bereit i die Predigt für Sonntag vor.«

Kurz verschlägt es mir die Sprache, dann insistiere und bitte ich weiter. Vergebens. Stur lehnt er jedwede trauliche Aktivität am Samstag ab. Und einen fremden Pfarrer würde er in seiner Kirche auch nicht dulden. Dann legt er einfach auf.

Ich kann es kaum fassen. Nicht an Bernhards Vorleben scheitert der kirchliche Segen, sondern an der Sturheit eines samstags offenbar arbeitsscheuen oberbayerischen Pfarrers, der was gegen »Ausländer« (also Saupreußen) hat. Ich bin stinksauer, kann mich tagelang nicht beruhigen. Hat man als gläubiger Katholik nicht das Recht auf eine Trauung, selbst wenn sie in Timbuktu stattfinden soll?

Den Ort zu wechseln ist kompliziert, denn alles andere von Hochzeitskutsche über Bootsfahrt ist schon organisiert – einschließlich Trauungs-Termin im Standesamt der Gemeinde. Und irgendwie schalte ich jetzt auch auf stur. Dann eben nicht. Bernhard vor Gott ewige Liebe und Treue zu schwören ist vielleicht ohnehin etwas hoch gegriffen. Ein unbeschriebenes Blatt ist er wie gesagt nicht. Ich interpretiere die Unmöglichkeit der Klein-Mädchen-Traumhochzeit jetzt mal als höhere Gewalt.

Eine gute Woche später marschiere ich in Schwabing zum nahen Standesamt und bestelle das Aufgebot. Als ich der Beamtin all die Geburtsurkunden von Bernhards Kindern nebst seinen Scheidungsurkunden hinlege, schaut die mich entgeistert an: »Den wolln's heiraten? Warum? Sie san doch ganz fesch!«

Das wird ja immer besser.

Zwecks Themenwechsels frage ich, ob es kompliziert sei, aus der Kirche auszutreten.

»Naa«, sagt sie. »Eine Etage drüber, kostet 14,50 DM.«

Ich nehme auch das als Zeichen, gehe eine Treppe höher und trete aus der katholische Kirche aus.

Aber ich habe die Rechnung ohne die Kirchenoberen gemacht. Wenig später kommt ein Brief an. Er ist aus fein strukturiertem Büttenpapier, als Absender fungiert ein geprägtes Wappen neben den einfachen Worten: Hermann Josef Spital, Erzbischof von Trier. Oha. Da wird mir etwas mulmig. In meiner Heimatstadt Trier wurde ich getauft, daher ist dieses Erzbistum offenbar für mich zuständig. Das Schreiben ist getippt, aber mit Füller unterschrieben. Vom Erzbischof persönlich.

Der Inhalt lautet dahingehend, dass man mit Bedauern von meinem Austritt Kenntnis genommen habe und ich diesen Schritt aufgrund meiner Vorbildfunktion für andere Christen doch noch einmal überdenken solle. Menschen wie mich bräuchte die katholische Kirche als Fürsprecher.

Uiiiijuiiijuii. Ich setze mich erst mal hin. Dass man mir eine Vorbildfunktion zuspricht, ist schmeichelhaft, mir aber nicht ganz verständlich. Als Missionarin in Bayern tauge ich nicht, da könnte man auch Eulen nach Athen tragen.

Doch der Erzbischof hat mich an der Ehre gepackt. Das lasse ich so nicht auf mir sitzen! Also schreibe ich auch einen Brief. Ich schildere kurz die Umstände und berichte, dass ich mein Leben lang gläubige Christin und praktizierende Katholikin war, meine Kirchensteuer brav zahle und nicht aus finanziellen oder temporären Gründen austrete wie beispielsweise jene Gläubigen, die sich am amtierenden Papst stören. Doch ich würde mich fühlen wie jemand, der sein Leben lang einem Fußballverein treu ist, fest an diesen glaubt und auch zu ihm hält, als er in die Kreisliga absteigt. Jedes Spiel habe dieser Fan verfolgt, doch als der Verein die wichtigste Partie seines Bestehens spielt – das Aufstiegsspiel in die höchste

Liga –, würde man ihn nicht ins Stadion lassen. Die Türen blieben ihm verschlossen. Er darf nicht dabei sein.

Ich schreibe noch handschriftlich ein »P.S.« drunter und frage, ob ich im Falle, dass wir Kinder haben sollten, diese taufen lassen könne.

Ich bekomme Antwort, diesmal allerdings nicht handschriftlich unterschrieben. Selbstverständlich könne ich meine Kinder taufen lassen.

Kaum ein Jahr später werde ich wieder eintreten. Denn ich fühle mich wie verloren, als hätte ich verraten, an was ich glaube. Institution hin oder her.

Einen Tag vor der Trauung erkenne ich, dass ich mir das alles ohnehin hätte sparen können. Ich werde die Hochzeit absagen. Wutschnaubend stehe ich in der Wohnung und habe den Telefonhörer in der Hand. Ich rufe jetzt alle Gäste an und teile ihnen mit, dass sie morgen keine Hochzeitskutsche sehen, nicht an einer romantischen Bootsfahrt auf dem Tegernsee teilnehmen werden und auch das Abendessen in festlicher Garderobe nebst Hochzeitswalzer entfallen wird.

Bernhard sitzt auf einem Esszimmerstuhl und tropft. Auf seinem Kopf hängen ein paar Nelken. Sie haben sich in den Haaren verfangen. Dieser renitente Typ, der allen Ernstes die Gästeliste und die Tischordnung noch mal mit mir durchdiskutieren wollte, kann froh sein, dass er überhaupt noch lebt! Ich wollte ihm nämlich wenige Minuten zuvor eine Blumenvase nebst Inhalt an den Kopf werfen. Doch dann habe ich die Vase betrachtet, sie als zu teuer zum Zerschmettern auf Bernhards Schädel erachtet und einfach über ihm ausgekippt.

Ich gucke ihn an. Als sich eine rosa Nelke aus seinem klatschnassen Schopf löst, langsam zu Boden fällt und er der Blume fassungslos hinterherschaut, muss ich losprusten. Es ist wirklich ein Bild für die Götter! Ich lege den Hörer aus der Hand und nehme den nassen, renitenten Typen in den Arm.

Unsere Hochzeit wird dann auch ohne kirchliches Brimborium wunderschön. Der ganze Sommer ist fürchterlich verregnet, doch an unserem Wochenende herrscht von Freitag bis Sonntag Kaiserwetter. Die Trauung führt der Bürgermeister höchstpersönlich durch und hat aus diesem Anlass die schätzungsweise 15 Kilo schwere Amtskette angelegt. Während der fast einstündigen Zeremonie vergießen die Gäste viele Tränen – allerdings nicht vor Rührung, sondern vor Lachen. Es ist die lustigste Trauung, die ich je erlebt habe. Der Bürgermeister könnte als Komödiant Karriere machen, so schlagfertig und witzig führt er sie mit wiederholten Anspielungen auf die Vergangenheit des Bräutigams und die daraus resultierenden Herausforderungen an die baldige Ehefrau durch.

Welche Herausforderungen wirklich einmal auf mich zukommen werden, ahnt an diesem herrlichen Juli-Samstagmorgen wohl niemand.

Frühlingsgefühle

Die neue Wohnung nimmt langsam Kontur an und wird mit dem Schwinden der Kartons und der Unterbringung unserer alten Möbel zu einem gemütlichen, überschaubaren Zuhause. Das fortschreitende Frühjahr gibt sich unentschlossen: Mal fegt es mit fisseligem Nieselregen jeden Anflug von Frühlingslust hinweg, mal kommt es vielversprechend mild und duftend daher. Wie auch immer: Es sind wunderschöne Spaziergänge mit dem Hund, morgens und abends bei gutem Wetter von rosa-orange-roten Sonnenauf- und -untergängen beschienen. Auf einigen Feldern hinter unserem Haus werden die ersten Kräuter angebaut, das ganze Jahr über werden neue hinzukommen: Dill, Petersilie, Minze, Zitronenmelisse, Thymian, Kerbel, Rosmarin und Salbei. Der Duft ist betörend, vertraut, wunderbar. Diese im wahrsten Sinne des Wortes atemberaubende Symphonie aus kleinen Grünpflanzen lässt einen die lärmenden Riesenvögel oben am Himmel vergessen. So laufen Dexter und ich als ungleiches Paar näselnd durch die neuen Gefilde: mein Hund mit der feuchten Nase immer dicht am Boden schnuppernd, ich die Nasenflügel gebläht und wohlig einatmend. Es könnte schlimmer sein.

Dennoch denke ich melancholisch an den Garten unseres früheren Hauses und daran, dass jetzt bald die sechs Kirschbäume blühen, die ich einst neben der Mauer zum Nachbargrundstück gesetzt habe. Ehemalige Nachbarn schicken SMS, sie würden uns vermissen. Es sei so furchtbar ruhig nebenan. Und das Gras stünde so hoch.

Wenn ich in unser altes Viertel oder in die Stadt muss, umfahre ich unser früheres Zuhause weiträumig. Ich bringe es nicht fertig, es zu sehen, ohne dass ich schlucken muss. Dabei werde ich noch wochenlang versehentlich davor stehen, weil mich ein Automatismus den alten Weg einschlagen lässt.

Auch Maximilian läuft einmal nachts von der Bahn aus den recht weiten Weg zum Haus – und merkt erst dort, dass er vor der falschen Tür steht.

Doch unser neues Heim ist schön; uns gefällt, dass wir räumlich nahe zusammengerückt sind. Ich muss mir nicht mehr die Seele aus dem Leib rufen, wenn das Essen fertig ist und die Kids sich in ihren Zimmern verschanzt haben. Ihre Zimmer sind jetzt nur wenige Meter vom Esstisch entfernt.

Auch der Hund fühlt sich pudelwohl. Für ihn ist es ein besonderer kulinarischer und im Hinblick auf die räumliche Nähe hübscher Hunde-Damen auch erotischer Glücksfall: Vom Balkon oben drüber wirft der dort lebende Witwer regelmäßig speckig glänzende Schweine-Schwarten auf unseren Rasen hinunter, wenn unser kleiner Münsterländer nur ausdauernd genug dort steht und erbarmungswürdig genug jaunert. Die aufgeschnappte Schwarte schleppt er dann stolz durch die Gegend und kaut sie genüsslich schmatzend, bis nichts mehr davon übrig ist. Zudem besitzt der Witwer eine dicke, alte Labradordame, vor der Dexter so großen Respekt hat, dass er ihr im Treppenhaus ehrfürchtig Platz macht und vor Freude über das Teffen quiekt. In der anderen Wohnung über uns lebt das entzückende Boston-Terrier-Mädchen Lilly mit ihrem Frauchen Katharina. Mit ihnen geht Dexter sehr gerne Gassi – auch wenn Lilly noch andere vierbeinige Verehrer hat, die leider größer und stärker sind als er. Manchmal kommt Katharina abends auf ein Glas Wein vorbei, und nach einigen ausgelassenen Runden im Garten liegen die beiden Tiere einträchtig nebeneinander auf der Terrasse und bewachen hochwichtig den Garten, die Bäume, die Wiese und die Straße jenseits der Gartenmauer. Doch wenn Dexter Frühlingsgefühle entwickelt und Annäherungsversuche startet, lässt Lilly ihn abblitzen. Er legt sich dann geknickt woandershin. Und wartet auf die nächste Gelegenheit. Ab und zu kleben an unserer Wohnungstür Leckerli für Dexter.

Kurzum: Es ist ein wunderbares nachbarschaftliches Verhältnis.

Lilian wird 17 – es ist der zweite Geburtstag, den sie ohne ihren Vater feiert. Seit 22 Monaten sitzt Bernhard nun in Untersuchungshaft. Vor einem Jahr – im März – wurde er zu sechs Jahren Haftstrafe verurteilt. Das Urteil ist noch nicht rechtskräftig, da er Revision eingelegt hat und auf die Entscheidung des Bundesgerichtshofes wartet. Auch das zivile Urteil über knapp 20 Millionen Euro Schadensersatz, das vor anderthalb Jahren gefällt wurde, ist noch nicht rechtsgültig, sondern in Berufung.

Nagende Fragen

Nach wie vor besuche ich Bernhard regelmäßig, nach wie vor schreiben wir uns, nach wie vor schicke ich ihm aktuelle Fotos aus unserem Alltag oder Erinnerungen an gemeinsame Reisen, die er sich an die Wand seiner Zelle pinnt. Warum, wird sich mancher fragen, mache ich dies nach all dem, was geschehen ist? Auch nach allem, was vor der Inhaftierung an tiefen Verletzungen in unserer Ehe vorgefallen ist?

Auch ich frage mich das, wenn ich mich bei einem Besuch in der JVA mal wieder über seine Nonchalance ärgere oder an diverse »Damen« denke und darunter immer noch sehr leide. Doch Weglaufen war nach der Verhaftung für mich nie eine Option, auch wenn unsere Partnerschaft schon zuvor angeschlagen war. Nicht wenige rieten mir, mich sofort scheiden zu lassen. Und am besten meinen Mädchennamen anzunehmen und wegzuziehen. Aber was hätte das bedeutet? Für die Kinder, dass sie außer ihrem Vater und ihrem Zuhause auch noch ihre Freunde und ihr soziales Umfeld verlieren. Dass sie kurz vor dem Abschluss die Schule wechseln müssen. Irgendwo ganz neu anfangen müssen.

Was hätte ich ihnen damit vorgelebt? Doch zweierlei: Wenn es Probleme gibt, weglaufen. Wenn jemand Mist baut, ihn hängen lassen.

Kann man guten Gewissens einen Menschen in einer Notsituation im Stich lassen, mit dem man fast die Hälfte seines Lebens verbracht hat? Selbst wenn der Mensch einen jahrelang hintergangen hat? Kann man jemanden fallen lassen, während er im Gefängnis sitzt? Jemanden, der niemanden umgebracht oder misshandelt hat? Der anderen gegenüber auch hilfsbereit und großzügig war – auch zu jenen, die ihn jetzt verklagen? Kann man jemanden verlassen, obwohl er dann womöglich schlechtere Chancen hat, in den freien Vollzug zu kommen, weil die soziale Bindung fehlt? Ich könnte dann nicht mehr in den Spiegel schauen.

Die Entscheidung muss vertagt werden. Was uns und unsere Beziehung anbelangt, konnten wir die Situation bislang nicht klären: Zum einen hatte ich ganz andere Sorgen. Zum anderen saßen bei Besuchen die ersten Monate stets Beamte im kleinen Besuchszimmerchen mit am Tisch und hörten alles mit; auch unsere Korrespondenz wurde und wird überprüft. Wirklich alleine können wir uns auch jetzt im großen Besucherraum nicht unterhalten, denn die Nebentische sind alle mit Sträflingen besetzt; selbstverständlich sind auch Beamte anwesend. Aber wie soll man so etwas in ein oder zwei Stunden lösen, wenn man schon vor der Inhaftierung ein Jahr lang nicht wirklich weiterkam? Zudem verdrängt Bernhard nach wie vor die Bedeutung, die der Vertrauensbruch für mich hat. Er kann es schlicht nicht verstehen. Da muss ein Link im Gehirn fehlen.

Bernhard meint, dass die Mehrzahl der Beziehungen die Haft nicht übersteht. Die Partnerinnen fühlen sich alleingelassen, verraten, schämen sich, sind oft mittellos, möchten nicht einsam sein. Egal, ob ein Urteil zu Recht oder Unrecht gefällt wurde: Viele Familien zerbrechen. Ich selbst habe rührende Briefe erhalten von einem Mitgefangenen, der zu Hause vier kleine Kinder und eine bezaubernde Frau hat – die gemalten Bilder, Fotos, Gedichte und Zeilen, die die Kinder ihm schickten, sind herzzerreißend.

Bernhard berichtet von einem jungen Mann, der einige Jahre wegen mehrerer Banküberfälle einsaß und hinterher nicht wusste, wo er hinsollte. Es gab angeblich keine sich kümmernden Angehörigen und keine Freunde mehr, das Geld reichte nicht. Nach einigen Wochen spazierte er in die nächste Bank und überfiel sie. Er kam sofort wieder ins Gefängnis, in Einzelhaft.

Bernhard trifft junge Menschen, die im Knast hocken, weil

sie die künstliche Beleuchtung illegaler Marihuanapflanzen-Anlagen warteten. Oder weil sie zu oft schwarzgefahren sind. Dort sitzen Bandenmitglieder, die mit Autos in Juwelierläden fuhren, um sie auszuräumen, und über und über tätowierte Schränke von Kerlen, die wegen räuberischer Erpressung oder Drogenhandels einsitzen. Bernhard meint, bei vielen könne man kaum beurteilen, ob sie Verbrecher seien oder nicht. Keiner bekennt sich schuldig. Auch nicht der Familienvater ein paar Zellen weiter, der wegen Mordes an seiner Ehefrau eingebuchtet wurde. Sein Verfahren war kurz, die Beweise erdrückend und er wurde sehr schnell zu einer langen Strafe verurteilt. Am nächsten Morgen fanden die Wärter ihn erhängt in seiner Zelle. Er ist einer von jährlich etwa 16 Häftlingen, die sich in Haftanstalten in NRW umbringen.

Bernhard lässt immer wieder Schicksale Revue passieren, die ihm in der Anstalt begegnen. Er wertet die meisten seiner Leidensgenossen positiv – dass es in den Haftanstalten von Intellektuellen und Robin Hoods nur so wimmelt, glaube ich allerdings nicht so ganz.

Ich werde mit einer Entscheidung hinsichtlich unserer Ehe warten, bis das Strafurteil rechtskräftig ist und bis über weitere Optionen wie Hafterleichterungen und freier Vollzug befunden worden ist. Man weiß ja nicht genau, was nach einigen Jahren für ein Mensch im »normalen« Leben herauskommt. Vielleicht ja einer, der anderen zuhören kann, andere gelten lässt, das Lieblingsparfüm kennt, weiß, wo die Spülmaschine steht, und sogar den Müll rausträgt? Der manchmal so etwas wie Bescheidenheit an den Tag legt?

Doch das sind eher Träume. Wenn ich ihn besuche, spricht er die meiste Zeit von sich und seinen Plänen, fragt eher selten, was ich mache, wovon und wie wir jetzt leben. Vielleicht hat er einfach Furcht vor der Tatsache, dass ich ihn im neuen Heim nicht mehr aufnehme.

Nach jedem Besuch merke ich, dass er sich nicht wirklich verändert hat. Er würde nicht mehr kriminell handeln, denn zu viel hat er verloren. Aber kann er in allem, was uns betrifft, aufrichtig sein? Hört er mir zu, interessiert er sich ernsthaft für unser Leben? Es ist optimistisch, so etwas zu hoffen. Doch andererseits: Wäre Bernhard sensibel und nicht so von sich selbst überzeugt und auf sich fixiert, könnte er die Haft nicht in dieser Weise überstehen. Und auch nicht so viele Menschen – Mitgefangene, Wärter, anderes Personal etc. – auf seine Seite ziehen. Niemals wird er den Glauben an sich selbst verlieren. Das macht ihn stark. Und unverwundbar.

Bernhard ist und bleibt wie schon im Leben vor der Haft die strahlende Sonne, um die sich alles dreht. Das ist eine elementare Eigenschaft, wenn man Erfolg haben will und viel Anerkennung braucht. Zweifel, Ängste, Skrupel würden stören. Früher habe ich es bewundert, dass Bernhard vor nichts Furcht zu haben schien, er einfach zielstrebig drauflos zog, ohne groß zu überlegen, alle begeisterte, immer voller Visionen und Ideen steckte. Wobei bei der grandiosen Idee, Rechnungen zu manipulieren, der Gaul mit ihm durchging. Im Gefängnis grinsten sie darüber, wie laienhaft er vorgegangen ist. Ein erfolgreicher Betrüger ist er nicht. Weder privat noch geschäftlich. Über etwas in allen Konsequenzen bis zum Ende nachzudenken ist nicht seine Stärke.

Ich bin anders als Bernhard; ich überlege, versuche bis zum Ende zu denken und führe selbst aus, da ich leider schlecht delegieren kann; auch bin ich eher vorsichtig, habe nicht diese Chuzpe, die ich an ihm mag und schätze – Bernhard und ich ergänzten uns immer gut. Doch in den letzten Jahren wurden mir seine ständig neuen Projekte suspekt, diese Umtriebigkeit und Unruhe, die vielen Bälle, mit denen er jonglierte – und wenn einer zu fallen drohte, nahm er noch zwei dazu, anstatt welche wegzulegen. Kritik oder Einwände fand er hinderlich, Diskussionen ging er aus dem Wege. Er war wie gehetzt von unsichtbaren Dämonen. Und sehr überzeugt von sich.

Das ist für mich nun schwer zu ertragen – vor allem, wenn er mir bei Besuchen erklärt, wie das Leben funktioniert. Ich erkläre zum wiederholten Mal, dass ich seit bald zwei Jahren an vorderster Front kämpfe, unsere nach all den Schrecken nicht immer einfachen Kinder durchbringe, das Haus abgewickelt, den Umzug bewerkstelligt, ein neues Heim geschaffen und ein Buch geschrieben habe, mich mit Gerichtsvollziehern, Anwälten, Schlagzeilen und Psychoterror herumschlage. Und hinter den Kulissen für ihn kämpfe.

Da wird man ganz schön dünnhäutig, wenn der Verursacher durchblicken lässt, dass er es besser könnte. Auch wenn ihm alles – wie er versichert – entsetzlich leid tut.

Jedes Mal, wenn die letzte Knasttür hinter mir abgesperrt wird, fühle ich mich völlig ausgesaugt. Der Mann raubt mir nicht nur den letzten Nerv, sondern auch noch die letzten Energiereserven. Ich komme mir vor wie eine Tankstelle. Nur habe ich keinen Tanklaster, der die Vorräte wieder auffüllt.

Herr »Wo« ist ausgezogen

Außerdem stelle ich fest, dass es ganz schön cool ist, wenn man ehegattenbefreit, sprich: weitgehendst selbstbestimmt lebt. Man kann machen, was man will, und muss mit niemandem diskutieren, ob das jetzt eine gute Idee ist oder nicht: Spontan ins Kino oder Theater gehen, sich mit Freunden treffen, durch die Gegend radeln, im Bett lesen, einfach nur eine Packung Spinat mit Spiegeleiern kochen oder die Küche ganz kalt lassen und auf der Couch gammeln und vor dem Fernseher irgendwas herrlich Ungesundes futtern. Und ich bin einzig und allein Herrin über die Fernbedienung! Das eröffnet ungeahnte Möglichkeiten, denn man kann einen Film zu Ende gucken, ohne dass der Gatte wegzappt, weil ihm Arte zu langweilig ist.

Keiner schreit mehr »Da fehlt schon SEIT MONATEN ein Knopf am Hemd!« oder moniert, dass ausgerechnet diese eine Hose in der Reinigung ist – wo noch zwanzig andere im Schrank hängen. Auch muss ich mir nicht mehr den Weg durch herumliegende Socken oder sonstige getragene Leibwäsche bahnen. Und besonders fein: Unser langjähriger Mitbewohner, der Herr »Wo«, ist auch nicht mehr da. Kennen Sie den ebenfalls? Dieser Herr spricht immer mit der Dame des Hauses, und zwar in der Form:

»WO ist mein Autoschlüssel?«

»WO ist mein Portemonnaie?«

»WO ist mein Telefon?«

»WO ist mein Ladegerät?«

»WO ist mein iPad?«

»WO ist mein Pass?«

»WO ist meine blaue Strickjacke?«

»WO sind die Winterschuhe?«

»WO sind die Hosenträger?«

WO WO WO WO WO WO…………………………..

Mein Angetrauter konnte die Wo-Fragen auf die Spitze treiben, denn er wusste nicht mal genau, wo bestimmte Teller stehen oder sich so exotische Küchenutensilien wie Korkenzieher verstecken. Ehrlich. Meine Mutter vertrat die Theorie, er handle nach dem Motto: »Stell dich dumm, dann musst du nichts tun.«

Sie sehen, ich mutiere allmählich zur zufriedenen Junggesellin. Was aber nicht heißt, dass Friede, Freude, Eierkuchen meine Tage ausfüllen. Oft fühle ich mich schmerzlich allein – ich muss wichtige Entscheidungen in all den juristischen Verfahren treffen, Probleme mit den Kindern lösen, kann die kleinen, täglichen Vorkommnisse nicht teilen, schöne Erlebnisse am Abend nicht weitergeben – der Hund guckt jedenfalls ziemlich verständnislos, wenn ich zu später Stunde von der Ballett-Premiere schwärme (blödes Beispiel – das war auch nicht gerade Bernhards Spezialgebiet).

In Amerika sagt man: »You want to share your life. So you are aware, it's happening.« Man möchte das Leben mit jemandem teilen, damit man gewiss ist, dass es geschieht. Wahrscheinlich ist es das, was mir so fehlt – die mit dem Teilen einhergehende Vergewisserung, die Bestärkung, dass man da ist. Und dass jemand an der Seite ist, der einen stützt.

Ich habe sehr liebe Freunde, aber die textet man ja nicht vor dem Einschlafen am Telefon zu. Außerdem haben alle ihre eigenen Familien. Und meine Kids sind flügge.

***

Im April entscheidet das Oberlandesgericht, dass Bernhards Berufung im Zivilverfahren zugelassen wird. Die Verurteilung über 19,6 Millionen Euro Schadensersatz ist ein unzulässiges Teilurteil. Die Zeitungen titeln:

KUNSTBERATER MUSS ERST MAL NICHT ZAHLEN

BERNHARD KRÄMER ERLANGT TEILSIEG VOR GERICHT

SCHADENSERSATZURTEIL AUFGEHOBEN

Doch wir geben uns keiner Illusion hin: Die Prozesse und Forderungen werden uns wohl noch Jahre beschäftigen.

Serenissima

Einer meiner ältesten und liebsten Freunde – Philosoph, Poet und Rechtsanwalt – wird fünfzig. Er feiert zwei Tage in Venedig und lädt seine engsten Freunde ein. Erst sage ich ab – die Kinder, der Hund und die Reisekasse müssen organisiert werden –, doch das lässt er nicht durchgehen. Wir kennen uns nun seit über 27 Jahren, er hat vollkommen recht. Schließlich war er es, dessen unvergleichlich leckerer Milchkaffee mich am Morgen meiner mündlichen Doktor-Examina für die Fragen meiner Professoren gewappnet hat. Und er ist der einzige Mensch, mit dem ich je im Leben mitten im Winter einen alten, tief verschneiten Münchner Friedhof besucht habe und drei Stunden bei minus zwei Grad auf einer Bank gequatscht habe. Außerdem hat er mir eine der größten musikalischen Freuden meines Lebens nahegebracht: die Bach-Interpretationen von Glenn Gould. So etwas verbindet.

Mein Flugzeug geht sehr früh, ich möchte jede Sekunde ausnutzen. Venedig, La Serenissima. Ich liebe diese Stadt.

Vom Flughafen aus tippele ich, mein Köfferchen hinter mir her ziehend, zehn Minuten zum Steg und nehme ein Vaporetto, den öffentlichen Bus in Bootsform. Nahezu jeder berühmten Stadt der Welt – sei sie noch so schön – nähert man sich durch triste Vorstädte, schnöde Industriebauten, langweilige Autohäuser oder Supermärkte. Kommt man – wie die Mehrzahl der Besucher – mit dem Flugzeug nach Venedig, nimmt man jedoch den Wasserweg. Man krabbelt in ein wackeliges Boot, riecht das Meer und kichert, wenn das Schiffchen über die Wellen springt und es im Bauch kribbelt. Der Zauber Venedigs wirkt sofort und zuverlässig.

Im Dunst der Ferne tauchen sehr bald erste Kuppeln und Campanile auf, das Boot passiert die geheimnisvolle Friedhofsinsel: Scharf setzen sich die Silhouetten der Zypressen vom Himmel ab, Grabmäler erheben sich jenseits der hohen Mauern – ein leichter Schauer mag jene treffen, die Böcklins symbolistisches Gemälde »Die Toteninsel« vor Augen haben. Tod und Vergänglichkeit – auch das gehört zu Venedigs Ausstrahlung.

Das Vaporetto setzt die ersten Passagiere auf den vorgelagerten Inselchen Murano und Burano ab und biegt dann in die für mich schönste Straße der Welt ein: den Canale Grande. Zunächst sind die Palazzi – von Häusern kann man nicht sprechen – bescheiden, doch nach wenigen Metern entfaltet sich die ganze verspielte, morbide, wunderbare Pracht des Settecento, des goldenen venezianischen Zeitalters. Die Fassaden sind so reich mit Rundbögen, gedrehten Säulchen, Pilastern und filigranen Kapitellen geschmückt, dass man meinen könnte, sie seien nicht aus Marmor und Granit geschaffen, sondern das Werk eines genialen Zuckerbäckers. Schon häufig war ich in dieser Stadt, jedes Mal raubt die Unwirklichkeit dieser Kulisse mir den Atem – ob bei diesigem Novembernebel, grauem Januarregen, blau flimmerndem Sonnenschein oder pastell-dunstiger Maienluft wie heute.

Einmal habe ich etwas Berührendes erlebt: Auch der Mann, den Bernhard betrogen hat, hatte seinen fünfzigsten Geburtstag in Venedig begangen. Seine Frau, ein Teil der Kinder sowie Bernhard und ich waren dabei. Wir fuhren damals mit einem Wassertaxi vom Flughafen in die Stadt. Als der Canale Grande mit all seinen Wundern an uns vorbeizog, saß er hinten im Boot und sah gedankenverloren und in sich gekehrt nach unten. Ich setzte mich dazu und fragte: »Wie oft warst du denn schon hier?«, da ich davon ausging, dass man schon sehr häufig vor Ort gewesen sein muss, wenn man sich das alles nicht mehr anschaut. Er antwortete: »Noch nie.« Ich nahm eine große Traurigkeit wahr und verstand; es tat mir in der Seele leid.

Über Airbnb habe ich mir für zwei Tage ein Zimmer unterm Dach in einem schmalen Palazzo in der Nähe der Piazza San Marco gebucht. Das habe ich so ausgesucht, weil San Marco überall ausgeschildert ist und ich es somit auch nachts in den verwinkelten Gassen wiederfinde. Das mit der Orientierungs-Legasthenikerin hatten wir ja bereits. Venedigs gefühlte zweihunderttausend im Dunkeln identisch aussehende Gassen, Brücken und Plätze sind da eine besondere Herausforderung.

Am letzten Abend trifft sich die Geburtstagsgesellschaft zum Essen in einer Trattoria in der Nähe der Rialto-Brücke. Gegen Mitternacht brechen alle auf. Auch ich. Man sollte ja meinen, dass sich von der Rialto-Brücke aus nur ein Volltrottel bis nach San Marco verläuft. Es ist so nah, dass sich nicht mal das Vaporetto rentiert. Bedauerlicherweise bin ich so ein Volltrottel. Innerhalb weniger Minuten weiß ich nicht mehr, wo ich bin, nachdem an einem Haus zwei Schilder mit »San Marco« hingen: Das eine deutete mit einem Pfeil nach links, das andere nach rechts. Großartig. Mit dem Handy in der Hand stolpere ich durch die Gegend und starre auf Google Maps. Dauernd dreht sich die blöde Karte, ich renne kreuz und quer. Bald finde ich es nicht mehr lustig, denn in den Gassen ist: niemand. Wie ausgestorben liegt alles da. Und das in Venedig. Mit dreißig Millionen Besuchern im Jahr! Wo sind die denn alle? Mein Flieger geht morgen früh um 7.30 Uhr. Ich hoffe, dass ich bis dahin mein Zimmer gefunden habe …

Irgendwann kommt mir eine einsame Gestalt entgegen – nicht im roten Regenmäntelchen und ohne Hackebeil, kann ich zur Beruhigung aller sagen, die Nicolas Roegs »Wenn die Gondeln Trauer tragen« gesehen haben. Ich bin übrigens auch beruhigt, denn der junge Mann trägt ein blaues Shirt und erklärt mir in verständlichem Italienisch den richtigen Weg: links, links, rechts, hundert Meter geradeaus, rechts und dann würde ich es schon sehen. Aha.

Ich gebe mein Bestes – und stehe knapp 15 Minuten später auf der Piazza San Marco. Dort erklingen zu dieser späten Stunde vor den wenigen Gästen die immer etwas melancholischen Töne der kleinen Orchester, die in den Cafés unter den Arkaden abwechselnd aufspielen: Walzermusik, italienische Canzone, Arien. In Wien würde man Caféhaus-Musik dazu sagen. Sie gehört zur Piazza San Marco wie die Tauben, der Campanile und die goldenen Kuppeln.

Ich lehne mich an eine Säule und atme tief durch. Ein Tango erklingt und schickt seine sehnsuchtsvolle Melodie in die Nacht. Auf dem Platz beginnt ein Paar zu der Musik zu tanzen. Erst etwas unsicher, dann immer fließender, die Schritte harmonieren. Die Frau trägt einen langen schwarzen Rock mit hohem Schlitz und ein goldbesticktes, schulterfreies Oberteil. Sie ist hübsch, etwa Ende zwanzig. Er ist etwas korpulent, das längere Haar und der Drei-Tage-Bart passen zur legeren Hose und dem lockeren Hemd. Er hält sie fest umfangen, die beiden schauen ab und zu konzentriert auf ihre Füße und lachen, wenn sich ihre Beine verwurschteln. Sie wirken sehr verliebt. Eine Gruppe von Freunden steht um sie herum; als die Musik endet, klatschen sie.

Das Paar, das ich sehe, hat dort 1993 um Mitternacht Tango getanzt.

Es waren Bernhard und ich.

Familienbande

Dann geschieht etwas, das selbst hartgesottene Journalisten überrascht: Der bislang hinter den Kulissen und nur über Gerüchte kolportierte Erb-Krieg zwischen den beiden Familienzweigen des Discounters wird öffentlich. Bereits im April hieß es in einem großen Boulevardblatt:

ERBEN STREITEN UM MILLIARDEN

Schon im Januar hatte sich der Konzern mit der erwähnten Pressemitteilung von der Witwe und deren Anwalt distanziert. Nun sorgt nicht der Dauerstreit der Erben mit Krämers für Überschriften, sondern der hausinterne Erbstreit. Es sind Headlines, die der älteren Familie die Tränen in die Augen treiben dürften:

DIE RACHE DER REICHEN WITWE (Bunte)

**VERSTECKT DIE WITWE DIE URNE
IHRES MANNES?** (FAZ)

**ERBE KRITISIERT SEINE SCHWÄGERIN
ÖFFENTLICH; DER FEIND IM EIGENEN HAUS**
(Spiegel)

**DIE PEINLICHEN STREITIGKEITEN
DER SUPERREICHEN** (Welt)

**DISCOUNTER-ERBEN STREITEN
UM MILLIARDEN** (BamS)

**UNBEGRENZTES ERPRESSUNGSPOTENZIAL –
ZERSTÖRT DER ERBKRIEG DAS IMPERIUM?;
STREIT UM MILLLIARDEN-NACHLASS** (Focus)

WITWE FÜHRT STREIT GEGEN IHREN SCHWAGER UND IHRE SCHWIEGERMUTTER; STREIT ZWISCHEN ERBEN ESKALIERT (SZ)

MEIN BRUDER WÜRDE SICH IM GRABE RUMDREHEN; STREIT GEHT IN DIE NÄCHSTE RUNDE (Handelsblatt)

In den Berichten wird die Auseinandersetzung zwischen dem Bruder und der Mutter des Verstorbenen einerseits und dessen Witwe und deren fünf erwachsenen Kindern andererseits dargestellt. Vereinfacht gesagt geht es um Folgendes: Das auf 18 Milliarden Euro geschätzte Vermögen des Discounter-Riesen sowie zusätzlich einer äußerst erfolgreichen US-Tochter wurde vom Gründer des Unternehmens in drei Stiftungen gebündelt, die nach Lukas, Markus und Jakobus benannt sind. Die Stiftungen gehören jeweils der betagten Witwe des Firmengründers (Markus-Stiftung), dem ältesten Sohn (Lukas-Stiftung) sowie dessen mit 56 Jahren verstorbenem jüngerem Bruder (Jakobus-Stiftung), dessen Hinterbliebene sich nun heftig mit dem anderen Familienzweig über die Satzung dieser Stiftung streiten. In einer Satzungsänderung seine Jakobus-Stiftung betreffend hatte der verstorbene jüngere Bruder – Bernhards einstiger Kunde – nämlich verfügt, dass nicht mehr wie in der ursprünglichen Satzung Mitglieder seiner Familie die Mehrheit im Stiftungsvorstand innehaben sollten. Vielmehr besagte sein letzter Wille, dass je zwei seiner Kinder und zwei Unternehmensvertreter bestimmen sollten – über Entscheidungen im Unternehmen und über Ausschüttungen der milliardenschweren Stiftung.

Dagegen klagen seine Erben mit ihrem Anwalt. Das Angebot des anderen Familienzweiges, ihnen jährlich 25 Millionen Euro netto auszuzahlen, lehnten sie ab.[9] Sie wollen wie in der alten Satzung drei Sitze im Stiftungsvorstand – zwei für die Kinder, einen für einen Vertrauten. Damit hätten sie die Mehrheit der Stimmrechte in der Jakobus-Stiftung. Und jetzt wird es interessant: Dieser Vertraute ist zurzeit kein anderer als der Anwalt, der uns im Namen der Erben so gnadenlos verfolgt.[10]

Das erklärt für mich nach all dem, was wir erlebt haben und erleben, einiges: Dieser schier unendliche Klagefeldzug, den er als Bevollmächtigter der Witwe bzw. der Erben gegen uns führt, ist meiner Ansicht nach nicht nur den hübschen Honoraren geschuldet: Er kämpft in meinen Augen so kompromisslos für das »Wohl« seiner Klienten, weil er auch für sich selbst kämpft, denn Sitz und Mitspracherecht in der Stiftung dürften außerordentlich lukrativ sein, zumal die Kinder des Verstorbenen weder über eine entsprechende Ausbildung noch über größere Erfahrung verfügen und ein offenes Ohr für seine Ratschläge und Empfehlungen haben dürften.[11]

Es geht um Einfluss und vor allem um sehr viel Geld. 100 Millionen Euro haben die Kinder und die Witwe sich zum Ärger des anderen Familienzweigs laut übereinstimmenden, nicht abgestrittenen Medienberichten bereits aus dem Stiftungsvermögen ausgezahlt. Dafür wird in diesem Machtkampf – so drückt sich der »Spiegel« (Nr. 18/16) aus – »gelogen und beleidigt, getrickst und geklagt, misstraut und unterstellt«. Von »gemeinen Lügen« und »hasserfüllter Abrechnung« ist die Rede (FAZ, 12.4.2016). Dies und die ent-

---

[9] Handelsblatt, 2.6.2016.

[10] Laut Spiegel online v. 2.6.2016 besteht ihre Wunschbesetzung sogar aus drei Erben und ihrem Anwalt (»Darüber streitet der Discounter-Clan«).

[11] »Wenn die alte Satzung gelten würde, könnten die Kinder meines Bruders zusammen mit ihrem Anwalt das Unternehmen am Nasenring durch die Manege führen.« Der Bruder des Verstorbenen im Handelsblatt, 2.6.2016.

sprechenden Formulierungen in veröffentlichten Erklärungen überraschen mich allerdings nicht – denn davon kann ich bei den Herrschaften und ihrem Anwalt ein Liedchen singen.

Wie tief das Niveau in dieser Auseinandersetzung um Geld und Macht schließlich sinkt, zeigt sich später: ▬▬▬▬
▬▬▬▬▬▬▬▬▬▬▬▬▬▬▬
▬▬▬▬▬▬▬▬▬▬▬▬▬▬▬
▬▬▬▬▬▬▬▬▬▬▬▬▬▬▬
▬▬▬▬▬▬▬▬▬▬▬▬▬▬▬
▬▬▬▬▬▬▬▬▬▬▬▬▬ Er sei nicht geschäftsfähig gewesen – und zwar speziell an jenem Tag im Dezember 2010, als er die Satzung zuungunsten seiner Nachkommen änderte. Diese Änderung sei demzufolge ungültig.

Im erstinstanzlichen Zivilurteil gegen Bernhard schrieb dessen Richter jedoch noch, der Discountererbe sei an Krebs gestorben. Wo kam diese falsche Information her, die verwunderlicherweise auch im Urteil niedergeschrieben wurde, obwohl es juristisch nichts mit dem Fall zu tun hat? Und was war mit dem Verstorbenen, als er mit Bernhard seine Übereinkünfte traf? Sind dann die Geschäfte mit Bernhard ebenso ungültig wie laut Behauptung der Witwe die Satzungsänderung, die sie und ihre Kinder benachteiligt? Oder war der Verstorbene ausgerechnet nur an besagtem Dezembertag angeblich nicht ganz bei sich? Wer soll das glauben? Ist das nicht äußerst seltsam? Was für ein juristischer und menschlicher Dschungel. Was für ein Irrsinn.

Es schaudert einen. Vor allem, wenn man wie Bernhard, ich und andere Tischgenossen dabei war und sah, wie die

▬▬▬▬▬▬▬▬▬▬▬▬▬▬▬

Witwe auch in Anwesenheit ihres Mannes ungern auf Alkohol verzichtete. Natürlich hagelt es nach entsprechenden Medienberichten über die Aussage der Witwe wieder Abmahnungen seitens ihres Anwalts an einige Blätter – es sollte wohl nicht öffentlich werden, welche Abgründe sich da offenbaren. Aber komplett lässt sich die Presse offenbar nicht einschüchtern.

Die Schwärzung erfolgt aufgrund einer
einstweiligen Verfügung des Landgerichts Köln.

SOMMER 2016

Göttergatte

Die Göttin Juno war die Ehefrau von Jupiter, dem römischen Göttervater und Herrn über Blitz, Donner und den ganzen Himmelskram. In Griechenland hieß er Zeus und sie Hera. Juno war – ausgerechnet – die zuständige Patronin für Ehe, Geburt und Caritas. Denn wie man als Kenner der antiken Mythologie weiß, war ihr Göttergatte nicht gerade ein Ausbund an ehelicher Treue. Von Theben bis Tiflis hat er so ziemlich alles an hübschen, irdischen Mädels flachgelegt, was nicht bei drei auf dem Baum war oder sich rechtzeitig in irgendwas tier- oder pflanzenmäßiges verwandelte. Meist haben die Damen es jedoch gar nicht mitbekommen, wer sie da unsittlich berührt und bei der Gelegenheit gleich geschwängert hat – Monsieur hat sich bei seinen Annäherungsversuchen nämlich gerne als Goldregen (bei Danaë), Stier (bei Europa), Schwan (bei Leda) oder ähnlich Unverfängliches getarnt.

Jedenfalls ist der Monat Juni nach Juno benannt, für die der Haussegen verständlicherweise öfter mal schief hing. Vielleicht ist das ja irgendwie ein Omen, denn der Juni und ich, das ist eine sehr schwierige Sache. Wenn eine fundamentale Katastrophe in meinem Leben passiert, geschieht sie statistisch gesehen auffällig oft in diesem Monat:

Im Juni vor drei Jahren kam ich dahinter, dass der Mann, der seinen Namen unter meinem Ehevertrag stehen hat, ein Fremdgänger mit sehr eigenartigem Wahrheitsverständnis ist.

Im Juni des Jahres danach sperrte man ihn wegen Untreue und Betrugs ein (ein Schuft, wer jetzt Böses dabei denkt!).

In diesem Jahr wird im Juni die Revision abgelehnt und das Urteil über sechs Jahre Haftstrafe damit rechtskräftig.

Falls es Sie interessiert, wann Bernhard und ich zusammenkamen und ein Liebespaar wurden: Das war am 12. Juni.

Mit der Bestätigung des Strafurteils beginnt eine neue Zeitrechnung: Der Gemahl wird in eine andere Anstalt verlegt werden, Haftlockerungen und Freigang rücken in die Nähe. Immerhin hat er bereits 24 Monate der sechs Jahre abgesessen, die U-Haft wird angerechnet. Im Normalfall wird nach einem Drittel über freien Vollzug entschieden, das heißt der Gefangene kann zur Arbeit gehen und muss nur zum Übernachten in die JVA. Irgendwann darf er auch mal auswärts schlafen.

Schneller als erwartet wird Bernhard dann in ein anderes Gefängnis verlegt – eine Zeitung titelt:

KRÄMER KOMMT IN HÄRTESTEN NRW-KNAST

Das stellt sich gottlob als falsch heraus. Als wir ihn dort besuchen, ist die Einlasskontrolle deutlich entspannter als in der vorherigen Anstalt, in der meist fünf Leute bei der Leibesvisitation zugegen waren.

Mein Göttergatte, das merkt man beim Besuch sofort, scharrt schon mit den Hufen. Zuvor hatte er Pläne geschmiedet, die so aussahen: Er wollte nach der Entlassung mit einem Unimog Richtung Syrien und Irak fahren, um in Flüchtlingscamps zu helfen oder – das würde eher zu ihm passen – den ISIS-Terroristen und dem Herrn Assad mal vor Ort so richtig die Wacht am Rhein zu blasen. Auch schwebte ihm vor, auf diesen Reisen ins Morgenland Bilder zu malen, von deren Verkauf er dann leben könne. Schon zuvor hatte er in alter Bescheidenheit eines seiner im Gefängnis entstanden Gemälde für eine Versteigerung gespendet – dem Auktionshaus, das die Liquidierung des Kunstbestandes übernommen hat und sich über die erneute PR freute. Der Erlös von 1300 Euro, den Bernhard der Flüchtlingshilfe spendete, enttäuschte ihn etwas. Er hatte mit mehr gerechnet. Das Bild war nicht schlecht

– für einen erst seit einigen Monaten das Handwerk lernenden Dilettanten mit eindeutig größerer Begabung in anderen Feldern war die Darstellung eines aus düsterem Gestein aufsteigenden Berges, über dessen Gipfel ein heller Widerschein Optimismus ausstrahlt, sogar recht gelungen. Formal und inhaltlich. Das darf ich als Kunsthistorikerin jetzt mal sagen. Über den Kommentar einer darüber berichtenden Redakteurin, die es als »Ladenhüter« und ein »Möchtegern-Kunstwerk« bezeichnete, hat Bernhard sich zu Recht geärgert. Wenn der Erlös für einen guten Zweck bestimmt ist, muss man nicht lästern.

Mit der Aussicht auf freien Vollzug ändern sich Bernhards vorgenommene sozialen Projekte dahingehend, dass er wieder in die Kunst einsteigen will und sich um junge Künstler und deren Förderung kümmern möchte. Sein anwesender Sohn, der sich gerade mit seiner Partnerin im Kunst-Business selbstständig gemacht hat, spitzt schon die Ohren. Denn mit einem muss man rechnen: Papa, der alte Hase, weiß und kann alles besser. Aber zunächst soll er einige Monate in der neuen Anstalt verbringen, wir können also entspannt sein. Denken wir zumindest.

Sommer, Sonne, Mega-Glück

In einem Monat beginnen die Sommerferien. Die dritten ohne Bernhard. Wir haben keine besonderen Pläne; Maximilian macht gerade mit sehr viel Engagement ein dreimonatiges Praktikum bei einer Bank und kann nicht weg. Lilian möchte ihren Freund ungern allein lassen, der ebenfalls ein Praktikum absolviert. Einen größeren Urlaub können wir uns ohnehin nicht leisten, vielleicht fahren wir ein paar Tage nach Holland an die Nordsee, da kann der Hund mitkommen und es ist nicht weit, sodass man spontan entscheiden kann.

Sonntags klingelt am frühen Abend das Telefon. Meine älteste und beste Freundin Christina ist dran. Wir kennen uns seit dem fünften Schuljahr, haben während des Studiums zusammengewohnt, später unsere Ehemänner kennengelernt, die Kinder fast zeitgleich bekommen und unsere Leben geteilt, auch wenn wir längst nicht mehr in einer Stadt wohnten. Sie ist Lilians Patentante und lebt seit einigen Jahren mit ihrem Mann Jochen und ihren Töchtern Nicola und Theresa in Washington, D.C. Wir erzählen uns die neusten Neuigkeiten und was der heutige »Tatort« so erwarten lässt. Den gucken sie nämlich auch in den Staaten fast jeden Sonntag. Am Schluss sagt sie: »Schau mal in deine Mails – aber ich will erst gar keine Widerworte hören.« Seltsam.

Ich schaue in mein Postfach, und da ist eine Mail von Christina. Daran hängen zwei E-Tickets für Flüge in sechs Wochen, die Jochen für uns gebucht hat. Zweimal Washington und retour für Lilian und mich. Natürlich gebe ich Widerworte: Lili einladen ja, mich nein. Aber das ist völlig sinnlos. Da stoße ich bei ihr und ihrem Gatten auf knallharten Widerstand. Wie wunderbar ist das denn! Auch Lili ist ganz aus dem Häuschen. Und noch ahnen wir nicht, welche Wunder uns noch erwarten… In der Hinsicht sind wir ja nicht gerade verwöhnt.

Ein blaues Wunder erlebe ich dann tatsächlich wieder einen Tag vor Abflug – es ist mein 20. Hochzeitstag. Ausgerechnet an diesem Datum steht die Entscheidung des Oberlandesgerichts an in meiner Klage um das gepfändete Kunstwerk, das ich einst erworben und das mir unter großen Mühen in Anwesenheit der Gerichtsvollzieher aus dem Haus gewuchtet wurde. Nach allem, was an Vorkommnissen wie den eklatant verspäteten Schriftsatz-Zustellungen beim Urteil des Landgerichts zu verzeichnen war, sind die Anwälte und ich hoffnungsfroh.

Aber weit gefehlt. Zwar schreibt das Oberlandesgericht im Urteil, man hätte durchaus auch im Sinne der Klägerin – also mir – urteilen können, aber anders ging es halt auch. Wieder werden die Zeugen als unglaubwürdig angeführt: der Galerist, einer der renommiertesten im Lande, unter anderem deshalb, weil er sich nicht genau erinnern konnte, ob ich seinerzeit bei der Vernissage anwesend war, bei der das Bild präsentiert wurde – es war bereits einige Jahre her und es waren etwa 300 Gäste anwesend. Wie soll er sich da genau erinnern? Die andere Zeugin, die Ehefrau des Künstlers, hatte keine weiteren Details zu einem Abendessen offengelegt, bei dem man davon sprach, dass das Bild mir gehöre. Sie erinnerte sich so genau an das Gespräch über das Kunstwerk, da es ja ein von ihrem Ehemann gefertigtes Bild war und sich Künstler und ihre Partner selbstverständlich dafür interessieren, wem es gehört und wo es hingeht. Da sie – die außerordentlich häufig Abendeinladungen erhält – sich nicht mehr genau an andere Begebenheiten an diesem Abend erinnerte, erachtete man sie als unglaubwürdig.

Ich bin entsetzt. Wenn der gegnerische Anwalt gerissen genug ist und den Kläger und die Zeugen geschickt in ein schlechtes Licht rückt, wiegt das mehr, als wenn Schriftstücke vorliegen, die belegen, dass man das Bild erworben hat.

Mit Gerechtigkeit hat das in meinen Augen nichts mehr zu tun. Ich ziehe vor den Bundesgerichtshof, muss aber als

Klägerin die Gerichtskosten sowie die im Verfahren entstandenen Anwaltskosten der Erben bezahlen. Ich bitte über deren Kanzlei um Ratenzahlung. Dies bringt mir eine mich amüsierende Mail ein, die in etwa besagt, dass man mir dies gewährte, obwohl ich ja den Streit vom Zaum gebrochen hätte. Das schreibt mir ernsthaft jemand als Sprecher von Menschen, die auch uns als Familie wegen Bernhards Betrug unter dem Deckmantel der Gerechtigkeit rücksichtslos behandeln, unsere Existenz zerschlagen haben und mit Klagen nicht aufhören. Ich HABE um Gerechtigkeit gekämpft und nicht willkürlich einen Streit vom Zaun gebrochen. Ob dieser Absurdität muss ich lachen. So was kann man nicht ernst nehmen. Später erhalte ich dann noch die Aufforderung, die durch die Ratenzahlung entstandenen Zinsen zu bezahlen – 116,68 Euro. Die Erben scheinen echt bedürftig zu sein.

Das Urteil schockiert mich, aber inzwischen bin ich Tiefschläge und himmelschreiende Ungerechtigkeit fast schon gewohnt. Ich lasse mich nicht unterkriegen. Außerdem haben wir etwas Wunderschönes vor uns liegen: Am nächsten Tag sitzen Lilian und ich im Flugzeug Richtung Amerika. Wir schauen zwei Filme an, schlafen ein bisschen, und schon sind wir in Washington, D.C.

Am Einreiseschalter ist wie immer eine lange Warteschlange. Lili ist nach mir an der Reihe. Der Beamte schaut ernst, sehr ernst. Sein Blick wandert auf Lilian, auf ihren Pass und wieder zurück. Dreimal geht das so. Er tippt in seinen Computer, blättert den Ausweis mehrmals durch, guckt wieder das Kind, dann mich an. Was ist da los? Stimmt etwas nicht? Wir werden etwas unruhig. Diese uniformierten Typen können ja so was von streng gucken! Blinkt in seinem Computer eventuell die Warnung: »Lilian Maria Krämer ist die direkte Nachfahrin eines verurteilten Betrügers – auf keinen Fall in die Vereinigten Staaten einreisen lassen!«? Ich bin ja nur angeheiratet, bei mir hat er vor zwei Minuten jedenfalls nichts beanstandet. Aber ist das bei direkten leiblichen Nachfahren von Kriminellen vielleicht anders?

Dann sagt er auf Englisch: »Sie wollten hier zur Schule gehen, nicht wahr?«

Wir sind erstaunt. Und atmen auf.

»Ja«, antwortet Lili, »aber es kam etwas dazwischen.«

Tatsächlich sollte sie vor zwei Jahren für ein Schuljahr auf ein Internat in den USA in der Nähe ihrer Patentante gehen – sie war angenommen und angemeldet, das Visum und alle Genehmigungen lagen nach monatelangem Papierkram vor, die Anzahlung war überwiesen. Doch dann wurde Bernhard verhaftet, teure Auslandsaufenthalte rückten in unerreichbare Ferne. Lilis Traum zerplatzte. Und die Anzahlung war auch futsch.

Aber offensichtlich ist das einst erteilte und ungenutzt gebliebene Visum in ihrem Profil. Schwungvoll knallt der junge Beamte schließlich seinen Stempel in den Pass. Erleichtert dürfen wir passieren. Auf die Koffer müssen wir nicht warten – Sie erinnern sich: nur Handgepäck in meiner Gegenwart!

Christina steht schon am Ausgang, groß ist die Wiedersehensfreude, und wie immer fühlt es sich sogleich so vertraut an, als hätten wir uns erst gestern gesehen. Lilian muss im Auto den ersten Lachanfall unterdrücken: »Ihr beide redet sofort Trierisch, wenn ihr zusammen seid! Man kann euch kaum unterscheiden«, gluckst sie. Ja, die alte Heimat an der Mosel lässt sich eben nicht verleugnen. Gott sei Dank.

Abends nehmen Christina und Jochen uns mit zu deutschen Freunden, die ebenfalls seit vielen Jahren in Washington leben und ein Barbecue in ihrem Garten veranstalten. Wobei Garten ein etwas verniedlichender Ausdruck ist. Spätestens als Lilian ruft: »Schau mal, Mama, dahinten ist ein Rudel Rehe auf der Wiese!« wird deutlich, dass es sich um eine etwas größere Rasenfläche handelt. Sie entspricht etwa dem Acker nebst Wald hinter unserer Wohnung. Oder einem kleinen Golfplatz. Aber in den USA ist eben alles etwas größer. Die Cola-Flaschen, die Cornflakes-Packungen, die Pommes-Portionen. Und die Großherzigkeit.

Wir verstehen uns auf Anhieb, sitzen an einer langen Tafel, plaudern, lachen und genießen die warme Sommernacht und den in allen Rottönen der untergehenden Sonne schimmernden Himmel. Wie kann das Leben schön sein! Wann habe ich zuletzt einen solch unbeschwerten Abend genossen? Der Abstand zur Heimat und all den dort wartenden Sorgen und Nöten tut schon jetzt unermesslich gut.

Beim Essen erzählt die Gastgeberin – sie heißt Christine – dass sie morgen ganz früh in Urlaub fliegt und ihre Freundin Petra besucht. Während ich mich noch wundere, dass sie dann noch acht Leute zum Abendessen einlädt, leuchtet ihr Gesicht auf:

»Wisst ihr was?«, ruft sie freudestrahlend Christina, deren Tochter Nicola, Lili und mir zu. »Ihr vier kommt einfach mit!«

Mir fällt fast die Gabel mit dem köstlichen gegrillten Fisch aus der Hand: »Aber Lili und ich kennen deine Freundin Petra doch gar nicht, wir können sie doch nicht einfach überfallen!«, werfe ich ein.

»Ach was«, antwortet Christine, »das Haus ist groß genug, sie wird sich total freuen. Dann ist Leben in der Bude! Außerdem war Christina eh eingeladen und hatte abgesagt, weil ihr zu Besuch kommt.«

Christina bestätigt dies, aber auch sie hat Bedenken. Da starten Nicola und Lilian in Stereo eine Bettel-Jammer-Heul-Offensive mit unentwegtem »Bitte Mami, bitte Mami, bitte Mami«. Also ruft Christina Petra anderntags an.

Nach dem Telefonat bucht Jochen Tickets für uns vier Mädels. Bezahlen darf ich sie nicht.

Insel der Hähne

Und so kommt es, dass wir drei Tage später wieder in ein Flugzeug steigen, einige Stunden unterwegs sind, um dann an einem Flughafen zu stehen, auf dem ein bunt bemaltes Schild verkündet:

Welcome to the islands of the Bahamas.

Ich muss mich zwicken, um das zu glauben. Noch vor kurzem war ich davon überzeugt, mit meinen Kindern bestenfalls noch mal an die Nordsee zu kommen, und nun stehe ich mit Lili hier. Mitten im Paradies.

Mit dem Boot fahren wir auf die gegenüberliegende Insel. Dort gibt es kaum Autos, nur Elektro-Buggies. Die Häuser sind aus Holz und in Eiscremefarben angestrichen: rosé, gelb, hellblau, mintgrün, weiß. Wunderschön. Die Villa unserer Gastgeberin Petra ist ebenso geschmackvoll wie gemütlich in zeitgemäßem Kolonialstil möbliert. Sie verfügt über eine große Veranda, wie man sie aus alten Südstaaten-Filmen kennt, und einen tropischen Garten. Das Haus gehört Petras ehemaligem, offensichtlich sehr großherzigem Gatten und besitzt ausreichend Zimmer für uns alle. Von der Veranda und einer darüber liegenden Terrasse aus schaut man in wenigen Metern Entfernung auf etwas derart türkis Leuchtendes, dass man an Foto-Bearbeitungsprogramme denken muss. Das Meer. Zwick mich bitte noch mal, sage ich zu Lili.

Eine unvergessliche Woche beginnt. Morgens trudeln wir nach und nach in der geräumigen Küche ein. Nicola – strenge Veganerin – war bereits joggen und schnippelt diverse Obst- und Gemüsesorten, um sie zu einem abenteuerlich gefärbten, aber leckeren und vor allem megagesunden Smoothie zu verarbeiten. Sie und Lili – strenge Vegetarierin – haben sich gesucht und gefunden in tiefster Abscheu gegen Massentierhaltung, Verachtung der Kreatur und Ausbeutung der Meere. Sie argumentieren jeden in Grund und Boden und räumen noch die kleinste Ameise aus dem Weg, damit sie nicht unter die Räder kommt. Christina und ich sind sehr stolz auf die beiden, die trotz ihres jugendlichen Alters für ihre Überzeugungen einstehen und sich strikt daran halten. Was uns aber nicht davon abhält, in fröhlicher Runde abends Petras köstliche Spaghetti all' astice zu essen. Unsere Töchter hatten zuvor eine Befreiungsaktion geplant, wollten die armen Hummer entwenden und eigenhändig in ihren natürlichen Lebensraum zurückbringen. Das Vorhaben scheiterte daran, dass die Schalentiere bereits in kleine Stücke zerlegt von Petra erworben wurden und nicht quicklebendig in Eimern im Vorgarten standen. Das war uns allen allerdings auch lieber.

Nach dem Frühstück auf der Veranda schnappen wir uns Handtücher und Sonnencreme, klemmen ein Buch unter den Arm und zockeln mit dem Elektrogefährt zum Strand. Auf den Sträßlein herrscht eine Verkehrsdichte wie am Polarkreis – kaum ein Mensch weit und breit. Stattdessen jedoch ziemlich viele Hähne. »Man nennt die Insel auch Insel der Hähne«, klärt Petra uns auf. Jetzt verstehe ich, wieso des Nachts dauernd irgendwelche Gockel krähen und uns den vorletzten Nerv töten – von wegen erst zu Sonnenaufgang. Die halbe Nacht randalieren diese Viccher. Da gibt es halt allerlei Konkurrenz, die man niederkrakeelen muss.

In dem Moment tauchen an der Seite zwei Hähne auf, die sich gegenseitig offenbar an die Federn wollen. Ein aggressiver Kampf auf offener Straße ist da im Gange – Petra hupt, weicht den Streithähnen aus und fährt fast in den Graben. Aber zu spät – der eine ist im Eifer des Gefechts unter unser Gefährt gesprungen. Lili und Nicola kreischen entsetzt auf und schreien die arme Petra an: »Du hast den Hahn umgebracht!« Wir erstarren. Erst der Hummer, jetzt der Hahn. Unsere Töchter werden Greenpeace verständigen, wenn das so weitergeht.

Doch der vermeintliche Unfalltote flieht unter Zurücklassung einiger imposanter Federn laut gackernd in die andere Richtung. Nichtsdestotrotz löchert Lilian mich tagelang, ob der Vogel wirklich überlebt hat. Wenn ich mir nachts das Gekrähe so anhöre, habe ich daran jedoch keinerlei Zweifel.

Nach einer Woche reisen wir ab, langsam macht die Insel dicht – die Hurrikan-Saison beginnt. Wir können das angesichts des ungetrübten Himmels und der klaren See kaum glauben – bis wir im Flugzeug sitzen und kurz nach dem Start beim Blick aus dem kleinen Fenster Wolkentürme auftauchen, die mit »bedrohlich und schwarz« nur unzureichend beschrieben sind.

Wir landen zwischen und müssen vier Stunden im Flugzeug verharren, dann heißt man uns aussteigen. Weiterflug aufgrund der Wetterverhältnisse unmöglich. Die Koffer der Passagiere bleiben im Frachtraum (und wieder sage ich: hurra, nur Handgepäck dabei!). Auf dem Flughafen herrscht Betrieb wie Weihnachten und Ostern zusammen. Nichts geht mehr. Sämtliche Flüge sind abgesagt. Draußen herrschen apokalyptische Zustände, es stürmt, dass die riesigen Scheiben der Halle vibrieren, und regnet derart, dass es alle paar Meter durch das Dach des Flughafens tropft – es ist immerhin der von Miami.

Mitarbeiter positionieren Mülleimer unter die Lecks, während wir versuchen, spätere Verbindungen zu bekommen. Die Schlangen vor den Schaltern winden sich durch das halbe Gebäude, wir warten eine Stunde, aber Flüge gibt es nicht. Wir Mädels lassen uns die Laune nicht verderben – nach der herrlichen Woche haben wir genügend davon getankt! Die Nacht verbringen wir lesend auf Plastikstühlen; in aller Herrgottsfrüh können wir weiterfliegen, allerdings nach Philadelphia. Das mit Washington hat nicht geklappt. Jochen holt uns um sechs Uhr dort ab. Nur Christinas und Nicolas Koffer sind nicht da.

Yoga oder wenn der CEO das Bein hinters Ohr klemmt

Seit einigen Jahren ist ein Trend zu beobachten, der in erstaunlicher Geschwindigkeit weite Teile der deutschen Bevölkerung ergriffen hat. Dieser Trend heißt Yoga. Sprach man früher – sagen wir vor acht, neun Jahren – von Yoga, handelte es sich um eine Nische, die eher in die Ecke »Sinnsuche mit Esoterik- und/oder Öko-Touch und Gymnastik-Elementen« gesteckt wurde. Hausfrauen in der präklimakterischen Phase schienen in besonderem Maße auf die zuvor hinduistischen Mönchen und indischen Gurus samt Anhängerschaft zugeordneten Leibes- und Meditationsübungen abzufahren. Kommt jedoch heute bei einer Party oder einem Abendessen das Thema auf Yoga, stellt jemand mit einiger Wahrscheinlichkeit die Frage:

»Machst du Sivananda, Bikram, Iyengar oder Ashtanga?«

Dann antwortet es: »Ich schwöre auf Poweryoga! Da verbrauchst du irre viele Kalorien. Obwohl das mit der Hitze bei Bikram auch echt toll sein soll.«

Daraufhin winkt ein anderes Gegenüber lässig ab und preist die Vorzüge des Jivamukti Yoga.

Vorbei die Zeiten, als man beim herabschauenden Hund noch an einen sich wohlig streckenden Vierbeiner dachte und bei Kobra an eine gefährliche Schlange. Und man eine Krähe für ein Federvieh hielt. Irgendwie sind die tausendfachen Feinheiten des neuen Lifestyle-Sports an mir vorbeigegangen, obwohl ich vor ein paar Jahren einige Zeit lang selbst mit Freude Yoga praktiziert habe. Bis mein Nacken rebellierte und ich der unverrückbaren Tatsache ins Auge blicken musste, dass das mit dem Kopfstand und mir in diesem Leben wohl nichts mehr werden wird. Dennoch dachte ich bislang, dass Yoga als Freizeitausgleich und Alternative zu sonstigen sportlichen Aktivitäten in erster Linie Frauensache ist.

Bis ich den ehemaligen CEO eines großen internationalen Konzerns beim Yoga erlebe. Der Topmanager ist 62 Jahre alt und zuvor neben seinen hervorragenden intellektuellen und organisatorischen Qualitäten eher durch leidenschaftliches Segeln und Hockeyspielen aufgefallen. Blendend aussehend und fit wie ein Turnschuh, aber kein Schlangenmensch. Dann liege ich auf der Matte neben ihm. Beim Yoga. Während ich schon nach dem fünften Sonnengruß in leichtes Hecheln verfalle, bei der Krähe wie immer nicht fliege, sondern dauernd umfalle und zudem den ununterbrochenen, auf Amerikanisch geknödelten Hinweisen der Trainerin kaum folgen kann, läuft der Mann neben mir zur Hochform auf. Kaum eine Übung, die er nicht geschmeidiger, akkurater und selbstverständlicher als sämtliche anwesenden Frauen mitmacht. Gegen Ende der Stunde macht die Lehrerin eine Übung vor, bei der ich nur staunend zuschauen kann. So was habe ich bislang live nur im Apollo Varieté bei Artisten aus China gesehen. Ich schiele auf meine Nebenmatte. Entspannt lächelnd sehe ich den dort situierten Herrn. Er hat sein rechtes Bein hinterm Ohr klemmen. Im Sitzen. Ich lasse mich fassungslos schnaubend rücklings auf die Matte fallen und gebe auf. Ein für alle Mal auch meine Einschätzung der Zielgruppe für Yoga. Der Mann neben mir ist nicht nur Wirtschaftsboss. Es ist Jochen, Christinas Ehemann.

Ein Anruf unterbricht die von den Sorgen losgelösten, unbeschwerten Tage in Washington. Bernhard teilt mir freudig mit, dass er wieder verlegt worden sei. Es ist seine dritte Anstalt – und diejenige, von der aus er in den freien Vollzug kann. In etwa vier Wochen darf er das erste Mal raus. So schnell! Ich bekomme einen Schreck. Nach diesem Gespräch weiß ich, dass die Probleme jenseits des Atlantiks alle noch da sind. Und nun habe ich noch eins mehr: einen Gatten, der nach 26 Monaten Eingesperrtsein mit hoher Wahrscheinlichkeit wie eine kleine Naturgewalt über uns hereinbrechen und alle aufmischen wird.

Ich werde recht behalten. Und ich muss eine Entscheidung treffen, die ich schon sehr lange vor mir herschiebe und meine zahllosen schlaflosen Nächte nicht eben entspannter machte ...

Als Christina und ich uns heulend am Flughafen verabschieden, verabschiede ich mich von wunderbaren Tagen in einer liebevollen, intakten und lebendigen Familie, die mir für lange Zeit Kraft geben werden.

HERBST 2016

Stehaufmännchen

Wieder zu Hause besuche ich Bernhard in seiner nunmehr dritten Knast-Station. Allmählich werde ich zur Expertin für Strafvollzugsanstalten im bevölkerungsreichsten deutschen Bundesland. Diese hier ist nur zwanzig Minuten von unserer Wohnung entfernt. Und eher ein Ponyhof – im wahrsten Sinne des Wortes: Das Gefängnis liegt abseits großer Straßen inmitten grüner Wiesen und bestellter Felder. Vor den Fenstern grasen entspannt Kühe, Pferde und Ponys. Idylle pur.

Fährt man auf den Parkplatz, bieten die Schaufenster des Knastladens einen Blick auf Objekte, die von Gefangenen entworfen, gebastelt und gewerkelt wurden: Vogelhäuschen, Vogeltränken, Holzkreuze, Teelichthalter... Gemälde meines Gatten befinden sich nicht im Angebot. Er hat nun auch andere Pläne. Die des freischaffenden Malers, der mit einem Unimog bedrohte Länder bereist, die Eindrücke dieser Reise malerisch festhält und vom Verkauf der Ergebnisse lebt, sind ad acta gelegt. Auch von Reisen in Flüchtlingscamps ist nichts mehr zu hören.

Er empfängt mich und einen alten Freund im eher kargen Besuchsraum des Hauses wie der Gastgeber in einer feudalen Kaffeestube. Sein Gewicht befindet sich wieder auf alten, beachtlichen Höhen, er sieht gut erholt aus und ist von Sonnenstunden leicht gebräunt – man darf innerhalb dieser JVA und des umzäunten Außengeländes sozusagen frei und ohne Leine herumlaufen, soviel man mag. Man müsste lügen, würde man behaupten, dass da jemand von bitteren Knasterfahrungen gezeichnet ist. Im Gegenteil. Da hockt ein munterer Herr, der wie einer wirkt, der von einer langen Reise zurück ist und sich auf die Wiederaufnahme seiner Geschäfte freut.

Ich schaue irritiert an meinem dürren Leib hinab, erinnere mich an meine einst entspannten, vollen Gesichtszüge und denke wie so oft bei meinen Besuchen: Irgendwas habe ich falsch gemacht. Aber bitter bin ich nicht – irgendeiner musste ja den Augias-Stall ausmisten, den der joviale Herr da mir gegenüber uns hinterlassen hat. Dieser Stall ist jetzt weitgehendst sauber – er kann also strahlend wieder hervorkommen.

Und das tut er. Es freut mich, wie unversehrt er alles wegsteckt. Da kann man fast ein bisschen neidisch werden. Im nächsten Leben möchte ich bitte auch eine Portion von diesem unerschütterlichen Selbstbewusstsein mitbekommen und über jeden Zweifel an mir selbst erhaben sein.

Er berichtet, wie schön er gestern mit einigen Mithäftlingen gegrillt habe, und erzählt begeistert von neuen Zukunftsplänen: Er überlegt, mithilfe von Sponsoren ein altes Gut oder Wasserschloss sanieren zu lassen und dort gefährdete Jugendliche zu betreuen und Flüchtlinge aufzunehmen. Mit dem Erlös aus dieser Tätigkeit – pro betreutem Menschen erhalte man einige Tausend Euro, erläutert er – könne man dort in einer eigens dafür zu bauenden Halle Ausstellungen finanzieren und zu diesem Zweck in ihren Heimatländern bedrohte Kreative einige Monate einladen. Diese sollen ebenfalls auf dem Gut leben und in Ruhe etwas schaffen.

Schön, finde ich. Das ist der alte Bernhard: voller ungewöhnlicher, aber lukrativer Ideen, zupackend und schon wieder Projekte anstoßend, die jeden vernunftbegabten Rechner erst mal zurückschrecken lassen. Aber Bernhard hat bereits Mitstreiter gefunden, die bei der Umsetzung und Finanzierung helfen; sobald er Ausgang hat, wird er sich die auf Immobilienseiten im Internet ausgewählten Latifundien anschauen. Hunderte marode Quadratmeter, verfallene Scheunen, kaputte Zufahrtswege oder baufällige Mühlen können einen Krämer nicht abschrecken.

Darüber kann man zwar den Kopf schütteln, aber man

muss es bewundern. Wie all die Jahre als Unternehmer entwickelt Bernhard auch im Gefängnis originelle Ideen, verfolgt sie begeistert, kniet sich wochenlang hinein und reißt andere mit. Bis es bei der einen oder anderen Hindernisse gibt und er sie fallen lassen muss. So wird es bald auch diesem Projekt ergehen.

Doch das nächste wartet schon: Er lässt von Journalisten einen Roman über sein Leben und seine Erlebnisse in der (Innen-)Welt der Kunst, des Geldes und der Verurteilten schreiben. Die – wie er sagt – bereits feststehende Verfilmung wird laut Bernhard wahrscheinlich die Kassenrekorde der erfolgreichsten deutschen Produktionen brechen.

Die Würfel fallen

Dann ist es ganz sicher: Bernhard bekommt für Anfang September seinen ersten Tag als Freigänger genehmigt und darf im sozialen Bereich arbeiten, er wird definitiv in den freien Vollzug kommen. Keine familiäre Veränderung wird dies mehr gefährden oder gar verhindern. Es ist die Entscheidung, auf die ich gewartet habe, um auch meine Entscheidung zu treffen. Soll ich an unserer Ehe festhalten?

Ich mache mir diesen Entschluss alles andere als leicht. Ich lese noch einmal einige der Briefe, die er mir aus der Haft geschrieben hat und die mir teuer sind. Es ist von Liebe und von Reue die Rede und von dem »Mist«, den er uns eingebrockt hat. Auch von der Bedeutungslosigkeit seiner Frauengeschichten und wie töricht er war. Dass er ab jetzt aufrichtig sein und nicht mehr lavieren würde. Nach wie vor schreibt er, dass er sich verändert habe – dass er nun ruhig sei, man nach innen schauen und bescheiden sein müsse, das Materielle und den äußeren Erfolg nicht wichtig nehmen dürfe.

Nur: In über zwei Jahren hat es kaum einen Besuch gegeben, bei dem ich diesem veränderten, sensibilisierten Mann leibhaftig begegnet wäre; er bleibt in den Briefen verschüttet. In der Realität ist Bernhard weitestgehend derselbe geblieben wie jener, den sie im Juni vor über zwei Jahren abgeführt haben. Er, der selbst ernannte »Sträfling Nr. 1«, ist auch nach längerer Haft der leuchtende Fixstern, um den die Welt sich dreht. Und der die Welt zum Drehen bringt. Seine Wahrnehmung der Geschehnisse der letzten Jahre ist eine andere als meine. Immer noch weicht er aus oder schwindelt, wenn unangenehme Wahrheiten sich abzeichnen. Immer noch macht er – und das ist für mich das Schlimmste – keinen reinen Tisch mit mir, sodass ich Halbwahrheiten, Gerüchten und Spekulationen, die mir wohlmeinende Menschen immer noch mitteilen müssen, meist hilflos ausgefliefert bin und nicht sagen kann: Danke, das weiß ich alles, es war so und so.

Wie kann man da jemals wieder Vertrauen fassen?

Ob er im tiefsten Inneren nachvollziehen kann, wie es uns durch seine Fehler ergangen ist? Was von jenen Menschen, die ihn anklagten, auch über mich und unsere Kinder geschüttet wurde und wird? Er weiß und erkennt an, dass ich wie er aufrecht stehen blieb und weiterhin bleibe und trotz allem, was zuvor zwischen uns vorgefallen war, für ihn kämpfte, organisierte und fest zu ihm stand, als nur wenige sich öffentlich für ihn aussprachen. Bernhard war in seinem Schutzraum, Spießrutenlaufen und Existenzkampf sind ihm bislang erspart geblieben. Innere Blessuren kann man an ihm nicht finden.

Als klar wird, dass er sich am ersten Tag in Freiheit von der Presse begleiten lassen möchte und sich von einem Reporter nebst Fotografen in einer Art »Homestory« öffentlichkeitswirksam ablichten lassen wird, anstatt diesen besonderen Tag mit den Kindern zu verbringen, bin ich sprachlos: Diese Form der Selbstinszenierung in seiner Situation ist schwer nachzuvollziehen. Hat er denn auch in dieser Hinsicht nichts gelernt? Bescheidenheit und Zurückhaltung vielleicht? Wenigstens nach außen und solange er offiziell noch Häftling ist?

Ein kleiner noch vorhandener Funken Hoffnung erlischt. Bernhard ändert sich nicht mehr grundlegend. Nicht im Charakter, nicht im Verhalten, nicht im Denken, nicht in der Einstellung. Auch sein zweites Gesicht wird immer irgendwo lauern, es ist ein Teil von ihm. So schmerzhaft und traurig die Erkenntnis des Scheiterns unserer Liebe und unserer Lebenspläne ist: Wir haben keine gemeinsame Zukunft mehr. Ich muss loslassen. Ich bin einem Phantom hinterhergejagt, einer irrationalen Idee vom Aufleben früherer, glücklicher Zeiten. Es wird sie nicht mehr geben. Und es gab sie schon viel länger nicht mehr, als ich wahrhaben wollte.

Ich schreibe ihm einen letzten Brief und versuche, ihn von dieser Presse-Geschichte abzubringen, die vielen unangebracht vorkommen wird. Aber da könnte ich genauso gut versuchen, einen Hahn vom Krähen abzuhalten.

Als Bernhard anruft, teile ich ihm mit, dass wir nun, da er rauskommt, die Scheidung einreichen sollten. Er wird sich meinem Wunsch nicht entgegenstellen. Er musste damit rechnen, hoffte jedoch, dass es nicht so weit kommen würde.

Bernhard reagiert, wie nur er reagieren kann: »Dann heiraten wir eben noch einmal. Diesmal kirchlich. Oder in Bali.«

Halleluja, denke ich, da sei Gott vor. Da sein Ego sich in der Enge der Zelle offenbar verdreifacht hat, fügt er hinzu:

»So einen wie mich findest du nie wieder.«

Das hoffe ich allerdings auch.

Wir formulieren eine Pressemitteilung, um allen den Wind aus den Segeln zu nehmen und jede Spekulation zu vermeiden – dann ist die Neuigkeit raus und die Grundlage für jedwede Mutmaßung entzogen.

»Nach 27 Monaten Haft ist Bernhard Krämer im freien Vollzug und beginnt demnächst mit der Arbeit in der Diakonie. Das Paar, dessen Ehekrise bereits vor der Verhaftung bestand, hat beschlossen, die Scheidung einzureichen. ›Wir haben die ersten beiden Jahre des Zusammenbruchs gemeinsam durchgestanden und wollten bis zum freien Vollzug mit diesem Schritt warten‹, so Dorothee Krämer.«

Diese Nachricht füllt noch einmal Zeitungen und Magazine und wird im Dritten Programm gesendet. Dann ist Ruhe.

Absurdes Theater

Unser Alltag hat inzwischen fast das angenommen, was man gemeinhin als Normalität bezeichnet. Ich kann sogar in manchen Nächten wieder nahezu durchschlafen!

Mein Sohn hat nach einem Jahr Wartezeit den gewünschten Studienplatz erhalten, wofür ich beim bunt bemalten Herrn Jesus in der kleinen Kapelle in unserer Straße zum Dank eine Extrakerze aufgestellt habe. Die Tatsache, dass der adoleszente Junior nun eine Aufgabe hat, für die er sich begeistert, kann die Atmosphäre im Haushalt nur entspannen – wer jemals einen demotivierten, vaterlosen 19-Jährigen monatelang auf der Couch herumliegen hatte, weiß, wovon ich spreche.

Da der Studienort nur eine Stunde entfernt liegt, erlebe ich das übliche »Student kommt am Wochenende heim«-Szenario in äußerst kurzen Abständen. Prall gefüllte Säcke für diverse Waschmaschinen-Füllungen (wie das in so kurzer Zeit?) und Geschrei nach Nahrung, als gäbe es in der Uni-Stadt weder Lebensmittelläden noch Imbissbuden. Und ein Badezimmer, das nach dem 48-Stunden-Aufenthalt meines einzigen männlichen Nachkommen so aussieht, als hätte eine Horde Erstklässler unter Zuhilfenahme von zehn Handtüchern ausprobiert, wie perfekt man auf nassen Kacheln schlittern kann, und gleichzeitig mit Zahnpasta fantasievolle Ornamente ins Waschbecken gemalt. Ich will gar nicht wissen, wie die Studentenbude inzwischen aussieht.

Meine Tochter steckt im letzten Schuljahr, lernt fleißig und entwickelt einen immer stärker werdenden Hang zur kreativen Wohnungsgestaltung. Man reiche ihr ein paar Kissen, Kerzen, Stoffe, Decken, Vasen und sonstigen Kram, und im Handumdrehen wird aus den Zimmern je nach Stimmung ein romantischer Traum in Weiß, eine sommerliche Long-

Island-Lounge oder ab spätestens Anfang Oktober eine kuschelige Kürbis-Maronen-Nüsse-Höhle, die nahtlos in einen vorweihnachtlichen Traum übergeht. Sie kann aus allem etwas zaubern, hat immer neue Ideen, kommt nach einem Stadtbummel selten ohne eine Tüte von Zara Home zurück. Ich überlege, ob wir noch eine Wohnung dazumieten sollten – für die Deko.

Ich widme mich nach wie vor mit Freude meinen karitativen Tätigkeiten und fasse beruflich wieder Fuß; ich habe mich mit einer kleinen Kunstberatung selbstständig gemacht, die – zu Lilians Freude – auch mit Interior-Designern und Innenarchitekten zusammenarbeitet; zusätzlich biete ich besondere Kunst-Führungen an. Es macht Spaß, Galeristen und junge Künstler in ihren Ateliers zu besuchen und auch Ideen zu entwickeln, zeitgenössische Kunst mit Werken anderer Epochen und Kulturen zu kombinieren.

Auch Bernhard geht es sehr gut; mit dem offenen Vollzug hat für ihn ein neues Leben begonnen. Er schläft meist in der JVA, hat dadurch weiterhin kaum Miet- und Nebenkosten oder Verpflegungssorgen. Tagsüber darf er in die weite Welt hinaus. Er hat sein Telefon mit allen Kontakten von der Staatsanwaltschaft zurückerhalten, ruft alte Weggefährten, Freunde, Bekannte und Künstler an, ist fast jeden Tag zum Essen oder Kaffeetrinken verabredet, schmiedet Pläne und freut sich, wenn wir zusammen mit dem Hund und den Kindern spazieren gehen. Vor allem Max und Lili sind glücklich, dass ihr Papa wieder da ist, und sehen ihn so oft wie möglich.

Die Tätigkeit in der Diakonie scheint in Ordnung zu sein. Er ist zurzeit u. a. bei Gesprächskreisen mit Suchtkranken dabei und kommentiert dies mit: »Ich bin ja auch irgendwie süchtig – nach Beifall und Anerkennung.« Er lernt dort viel. Gerade arbeitet er mit an einem Text für ein sehr ungewöhnliches Krippenspiel, in dem sage und schreibe 13 Heilige Könige und ebenso viele Kamele mitspielen. Wir lachen Tränen, als wir uns ausmalen, wie Papi aus Pappmaché Kamelköpfe bastelt. Papi lacht am lautesten. Es könnte alles wieder unbeschwert und schön sein. Fast.

Ich habe das Unrecht nicht verwunden, dass mir das Bild aberkannt wurde, für das ich einst mein ganzes Geld gegeben hatte und das mir von den Discounter-Erben gepfändet wurde. Was nützt es mir, wenn im Schriftsatz des Oberlandesgerichts steht, man hätte auch anders entscheiden können? Was, dass auf die Zeugenaussage eines vor Gericht höchst nervösen alten Herrn mehr Gewicht gelegt wurde als auf sämtliche vorgelegten Papiere?

Doch die Witwe hat noch nicht genug und macht weiter. In einer weiteren Klage fordert sie eine knappe Million Schadensersatz von Bernhard und mir zusammen. Es geht um vier Skulpturen, die angeblich Mängelexemplare sein sollen. Die Witwe möchte diese Summe haben, die Skulpturen bislang jedoch behalten. Finde ich bemerkenswert. Der Prozess vor dem Landgericht wird seit Monaten regelmäßig verschoben. Dort werden wir wieder denselben Richter haben wie in Bernhards Zivilprozessen und in meinem Verfahren um das Kunstwerk. Allesamt haben wir verloren. Bernhards Schadensersatzurteil ist in Berufung, da es als ein unzulässiges Teilurteil befunden wurde. Das Verfahren wurde zurückverwiesen – wieder an dieselbe Kammer.

Frieden ist also seitens der Milliardenerben trotz ihrer gewonnenen Prozesse nicht in Sicht. Begreifen kann ich das nicht. Sie haben mehr Geld, als ein normaler Mensch in einem Leben ausgeben kann, und hören dennoch nicht mit Forderungen auf. Wären sie zufrieden, wenn die Kinder und ich unter die Brücke ziehen? Aber dazu fehlt mir ehrlich gesagt die Lust.

Immer noch habe ich Herzklopfen, wenn ich in den Briefkasten schaue. Immer noch erschrecke ich, wenn es unerwartet klingelt. Immer noch befürchte ich in meiner Traumatisierung, von der Gegenseite verfolgt zu werden.

Leider bin ich zu Recht leicht neurotisch. Eines nebligen Herbstvormittags lauert im Briefkasten wieder eine der gelben Handgranaten auf mich, die einem entgegenbrüllen: »Ich bin bestimmt vom Gerichtsvollzieher!« Diesmal kommt das Schreckens-Schreiben im Auftrag des Insolvenzverwalters, mit dem ich bei Fragen immer gut kommuniziert und der mich vorgewarnt hatte. Er fordert im Namen der Gläubiger (also auch der Erben) die mir seinerzeit gestundete Restsumme für das Bild, das im Auftrag der Erben gepfändet wurde und dessen Eigentümerin ich laut zweier Gerichtsurteile NICHT bin. Auch in der nächsten Instanz – dem BGH – gibt es für mich kaum Chancen, obwohl ich es dennoch versuche, da ich mich wie gesagt nicht mit der Ungerechtigkeit abfinden kann.

Trotzdem ist der Insolvenz-Beauftragte von Gesetzes wegen womöglich gehalten, eine fünfstellige Summe von mir zu fordern. Und hat Klage gegen mich eingereicht. Das ist so ein Irrsinn, dass ich es kaum glauben kann. Ich fasse geistig zusammen:

Das Bild ist: weg

Das von mir dafür bezahlte Geld ist neben horrenden Anwalts- und Gerichtskosten: weg

Die für das Werk von mir bezahlte Summe ist im »Fundus« des Insolvenzverwalters, das von den Erben gepfändete Bild ebenfalls. Ich habe nichts. Und für das Nichts muss er also für die Gläubiger (den Erben?) jetzt von Amts wegen noch einmal einen dicken fünfstelligen Betrag von mir fordern. Für was? Für Luft? Für den leeren Platz an der Wand? Muss man denn schon wieder all die Kosten verursachen, die ein Gang zum Gericht mit sich bringt? Im nächsten Erden-Dasein studiere ich Jura. Vielleicht kommt man sich dann in den verschlungenen Wegen des Rechtssystems nicht ganz so blöd vor.

Kennen Sie Albert Camus? Der Autor, Philosoph und Literatur-Nobelpreisträger war der Held des absurden Theaters in den 60ern. Über »L'idée de l'absurde chez Camus« habe ich in der 12. Klasse meine französische Facharbeit geschrieben. Nun habe ich das Gefühl, ich sitze mittendrin in einem Theaterstück, das absurder nicht mehr werden kann. Ich schüttele fassungslos den Kopf und rufe meinen Anwalt an. Der schüttelt auch den Kopf. Ein Wunder, dass wir nach zweieinhalb Jahren noch keine Gehirnerschütterung haben.

Wundersame Gene

Es gibt einfach wundersame Konstanten im Leben. Sie sind so verlässlich wie der Regen, wenn man gerade die Fenster geputzt hat, oder die Tatsache, dass die andere Schlange an der Supermarktkasse immer die schnellere ist.

Zu diesen Konstanten zählen die Verhaltensmuster bei ausnahmslos allen männlichen Wesen, wenn sie auf dem Beifahrersitz eines PKWs sitzen und eine Frau am Steuer hockt. Vor allem die EIGENE Frau. Oder zukünftige Exfrau. Mein Noch-Gatte, in eigener Sache zweifellos ein Organisationsgenie, hat sich aus dem Knast heraus für seine Freigänge einen Wagen besorgt, den ihm ein Freund aus gemeinsamen alten Präsidententagen im Fußballclub zur Verfügung stellt. Dieses Auto ist neuer, schicker und wesentlich komfortabler als jenes, das Maximilian und ich uns teilen.

Irgendwas mache ich falsch. Jedenfalls möchte der Herr Gemahl das schöne Auto nicht vor der Anstalt auf dem für die Insassen-Fahrzeuge als Parkplatz vorgesehenen Feldweg parken und bittet mich, ihn abends in die JVA zu bringen, beim nächsten Freigang morgens abzuholen und den Wagen derweil bei uns vor der Wohnung zu platzieren. In der sicheren Dorfgemeinschaft also. Das kann ich ja schlecht abschlagen und schwinge mich auf den Fahrersitz. Wir sind kaum um die erste Ecke, da zuckt er schon. An der nächsten Ampel wirft er die Arme hoch und schreit, wieso ich denn so dicht auffahre. Dann hält er sich die Hände vor die Augen. Auf der Landstraße jammert er, dass man hier doch nur 70 und nicht 78 fahren dürfe, und auf der Autobahn nölt es von nebenan, dass ich viel zu weit rechts fahre. Jetzt reicht es mir. Wütend haue ich auf das Lenkrad und lege los:

»Seit zweieinhalb Jahren bekomme ich mein Leben alleine auf die Reihe! Einschließlich der Bedienung eines Kraftfahrzeugs! Ich habe noch niemals einen Unfall gebaut oder – wie du das früher gerne getan hast – das Auto flächendeckend zerbeult, weil sich ein Betonpfosten im Parkhaus weigerte, zur Seite zu gehen!!! Wenn du jetzt nicht SOFORT die Klappe hälst, setze ich dich auf dem Notstreifen der A 57 ab und du kannst in deinen blöden Knast per Autostopp trampen! Oder über den Acker zu Fuß hinlatschen!!!«

Irgendwie habe ich mal wieder nicht das Gefühl, dass sich in den letzten Jahren trotz Knast an gewissen Dingen auch nur ansatzweise etwas geändert hat. Aber immerhin hält er ab sofort den Mund.

Insofern möchte ich an dieser Stelle einwerfen, dass es durchaus auch Vorteile haben kann, wenn die »bessere« Hälfte ein paar Jährchen aus dem Verkehr gezogen wird. Im wahrsten Sinne des Wortes.

Es sei denn, man hat einen volljährigen Sohn. Denn kaum hat der zwei Stunden den Führerschein, fällt er ebenfalls in den Fahrlehrer-Modus, wenn das Mütterlein den Fahrersitz innehat, und belehrt einen hochwichtig oder meckert rum. Es ist nicht zu glauben. Muss an den männlichen Genen liegen.

Wobei mir zu Hause einfällt, dass ich sehr wohl mal einen Unfall gebaut habe. Und was für einen.

Schickse in Hausschuhen –
Frühling, fünf Jahre zuvor (2011)

Es ist 7.45 Uhr. Ich stehe im Schlafanzug in der Küche und halte den Kindern die Tüten mit den Butterbroten und die Wasserflaschen hin, während ich mit leicht erhobener Stimme nach oben rufe, dass es jetzt WIRKLICH Zeit sei, Richtung Schule aufzubrechen. Die fängt in genau 15 Minuten an. Bernhard wollte die Kinder fahren, doch von oben kommt als Antwort: nichts. Fluchend rase ich die Treppe hoch – Bernhard steht entspannt unter der Dusche und guckt mich verdutzt an. Er hat das Haar voller Shampoo. Es ist 7.48 Uhr. Das glaube ich jetzt nicht! Schimpfend hetze ich die Treppe runter und suche hektisch meine Autoschlüssel. Die scheinen sich über Nacht in Luft aufgelöst zu haben. Ausgerechnet jetzt! Also schnappe ich mir die von Bernhards Auto, meckere weiter, werfe mir eine herumliegende Strickjacke über und scheuche die Kinder aus dem Haus. Unter Missachtung einiger Verkehrsregeln lade ich sie zehn Minuten später fast pünktlich zum Gong am Schultor ab.

Die Schule liegt an einer schmalen Straße, ich muss sie noch bis zum Ende durchfahren, damit ich scharf wenden und zurückfahren kann. Schwungvoll reiße ich das Steuer herum – und lande in einem schicken silbergrauen BMW. Rums. Die Redewendung »die Kurve kratzen« sehe ich nun mit ganz anderen Augen. An Bernhards Auto ist nichts zu sehen, der Kratzer in dem anderen Wagen ist allerdings beachtlich.

Es ist zwar kein Mensch in der Nähe, aber Abhauen finde ich schofelig. Ich werde Bernhard anrufen, damit er mich abholt, und die Polizei verständigen. Bernhard wird ja inzwischen fertig sein mit Duschen. Gute Idee. Aber dummerweise habe ich gar kein Telefon dabei. Da sehe ich an der Seite ein orangefarbenes Fahrzeug von einer Baufirma. Zwei Arbeiter sitzen darin und blättern in der Zeitung. Ich klopfe an die Scheibe. Sie schauen hoch und sind leicht irritiert.

Es ist gerade acht Uhr morgens, und da steht eine Frau mit unge-kämmten Haaren und Hausschuhen in einem helllila Schlafanzug in Kombination mit einer nicht mehr ganz taufrischen Strickjacke vor ihnen. Hoffentlich denken die jetzt nicht, ich sei aus einem Heim weggelaufen und wüsste nicht mehr, wo ich hingehöre.

»Entschuldigung. Ich habe gerade da drüben ein Auto beschä-digt. Dürfte ich bitte Ihr Telefon benutzen?«, frage ich so selbstbe-wusst, wie es mir in dem Aufzug möglich ist.

»Was für ein Auto? Wir haben nix gesehen. Fahren Sie doch einfach weiter!«, kommt die müde Antwort aus dem runtergekur-belten Fenster.

Muss ich jetzt etwa eine Diskussion zum Thema Fahrerflucht und Fairness im Straßenverkehr führen?

»Ich würde aber gerne die Polizei verständigen, habe aber leider kein Telefon dabei«, antworte ich in einem Ton, der vorgibt, dass ich immer so rumlaufe. Unwillig und im Geiste wahrscheinlich denkend, dass ich nicht alle Tassen im Schrank habe, lässt er sich die Nummer sagen. Das Telefon gibt er nicht aus der Hand. So was Miss-trauisches aber auch. Ich diktiere ihm Bernhards Nummer. Aber der hebt nicht ab. Nicht beim ersten, nicht beim zweiten und auch nicht beim dritten Versuch. Das darf doch jetzt nicht wahr sein!

Also bitte ich, die Polizei anzurufen. Der Mann tut wie geheißen, und die Polizei hebt wenigstens nach kurzem Läuten ab. Und ist keine zehn Minuten später da. Um die Uhrzeit ist offenbar noch we-nig los im Großstadtrevier Altstadt.

Etwas verstört schauen mich die beiden Beamten an. Eine jun-ge Frau und ein Kollege um die vierzig. Ich schildere, was passiert ist, und ernte angesichts dieses dämlichen Fahrfehlers zu Recht ei-nen ungläubigen Blick. Wie blöd muss man sein, um an dieser Ecke beim Wenden ein parkendes Fahrzeug zu rammen! Ausrei-chend Platz wäre eigentlich da.

»Ich fahre sonst Smart und habe mich im Winkel total ver-schätzt. Das Auto meines Mannes ist viel größer, und das fahre ich

sehr selten«, versuche ich mich zu rechtfertigen. Die beiden schauen sich vielsagend an.

»Ihren Führerschein und die Fahrzeugpapiere bitte!«, tönt es ungerührt.

Das hätte ich mir denken können. Aber ich habe natürlich nichts dabei, kein Telefon, kein Portemonnaie und leider auch keine Haarbürste.

Die zwei betrachten meinen gelinde gesagt saloppen Aufzug und scheinen Verständnis dafür zu haben, dass Menschen in Pantoffeln und Schlafanzug meistens ohne Papiere herumlaufen. Sie fragen also nach meinem Namen und auf wen das Fahrzeug denn zugelassen sei. Meinen Namen weiß ich, aber den des Fahrzeughalters nicht.

»Äähm. Ich denke, auf eine seiner Firmen«, antworte ich leicht beschämt und nenne zwei davon. Man muss wissen: Bernhard gründet bei jeder Gelegenheit eine eigene Unter-Firma für seine vielfältigen Aktivitäten; auf welche er dieses Auto zugelassen hat, weiß ich wirklich nicht.

Der Blick der Polizisten sagt alles: Gerade aus dem Bett gefallen, fahrunfähig und offensichtlich auch noch doof; halt eine von diesen Schicksen, die mit Papas dickem Auto rumfahren, aber den Führerschein in einer Lotterie gewonnen haben. Wenigstens bin ich nicht blond.

Resigniert begeben sie sich zu ihrem Auto und recherchieren selbst: zum einen, auf wen der Wagen zugelassen ist, zum anderen, welcher armen Socke ich den ihren demoliert habe. Beides ist rasch herausgefunden. Der Fahrzeughalter des BMW wohnt im zweiten Stock des Hauses, vor dem wir stehen. Die Polizistin klingelt, während ich betreten auf der Straße stehe und friere. Es ist März, und ich bin quasi barfuß. Mann, ist das peinlich!

Da geht die Tür auf. Heraus tritt ein tadellos gekleideter, ausnehmend gut ausschauender Herr in den allerbesten Jahren. Also etwa so alt wie ich. Das darf doch wohl nicht wahr sein! Wer sieht *denn um die Uhrzeit schon so picobello aus? Und ich komme daher wie Frau Hempel, die gerade unterm Sofa hervorgekrochen ist. Muss er denn auch noch derart attraktiv sein? Warum habe ich nicht wenigstens die Wimpern getuscht! Oder Lipgloss aufgelegt!*

Selten im Leben habe ich mir so sehr ein Loch gewünscht, das sich neben mir auftut, auf dass ich darin verschwinde. Vor allem, nachdem die Polizistin ihm mitgeteilt hat, dass die Dame hier – sie deutet auf das ungekämmte, womöglich sogar noch ungewaschene Wesen in Schlafanzug und Strickjacke – soeben sein Auto angefahren hat. Wo andere Männer beim Thema »Frau hat Auto kaputt gemacht« reagieren, als hätte die Inkarnation der Unfähigkeit ihnen ein lebenswichtiges Körperteil zwischen Bauchnabel und Kniescheibe abgezwickt, meint dieser Herr freundlich lächelnd, das sei jetzt aber ungünstig – der Wagen sei verkauft und solle heute vom neuen Besitzer abgeholt werden. Er selbst würde nämlich auf eine längere Reise gehen. Bitte, lieber Boden, öffne dich doch endlich!, flehe ich im Geiste. Doch nichts passiert. Also reiche ich dem Herrn die Hand, entschuldige mich für das kaputte Auto, die frühe Störung, mein ungewöhnliches Äußeres und die Umstände, die ihm nun entstehen.

Die Beamten beginnen, Personalien und Tathergang aufzunehmen. Als der Herr hört, dass ich einen Doktortitel habe, fragt er: »Auch Medizinerin?«

»Nein, Kunsthistorikerin.«

»Ach, wie interessant! Welches Fachgebiet denn?«

Und sofort entspinnt sich eine lebhafte Unterhaltung über Kunst, Künstler und Urlaubsziele. Wir quatschen und quatschen, und es endet damit, dass der nette Herr – er ist Arzt, adelig und anscheinend alleinstehend – mich in seine Wohnung bittet, um mir einige Werke eines befreundeten afrikanischen Künstlers zu zeigen. Wie sich im Gespräch herausstellt, fahren wir demnächst an den Ort, an dem dieser Künstler lebt. Und er selbst begibt sich als Schiffsarzt auf eine Reise, die wir ursprünglich auf eben diesem Schiff geplant hatten. So ein Zufall!

Überrascht läuft die Polizistin uns die Treppe hinterher. »Ich stö-re ungern – aber können wir erst alles zu Ende aufnehmen und Sie unterschreiben dann?«, fragt sie schief grinsend. Wir hatten die Beamten vollkommen vergessen. Sie standen die ganze Zeit neben uns und staunten über diese frühmorgendliche Eintracht. Dass ein Verkehrsdepp vom Geschädigten in die Wohnung eingeladen wird und die beiden sich unterhalten, als seien sie alte Bekannte, haben sie wahrscheinlich auch noch nicht erlebt.

Als ich zweieinhalb Stunden später nach Hause komme, sitzt mein Ehemann auf der Couch und telefoniert seelenruhig. Er wun-dert sich kein bisschen, dass ich stundenlang weg war – und zwar im Pyjama.

»Sag mal, fragst du dich nicht, wo ich so lange war?«, frage ich ziemlich empört.

»Nein«, antwortet er, »wieso? Wie spät ist es denn?«

»Gleich halb elf! Ich habe mehrmals angerufen, du bist nicht ans Telefon gegangen!«, sage ich vorwurfsvoll.

»Ich gehe nie dran, wenn ich die Nummer nicht kenne. Noch dazu um die Uhrzeit!«, kontert er.

Fassunglos rufe ich: »Ich hatte einen Unfall! Ich hätte tot sein können! Oder im Krankenhaus! Und du merkst es nicht mal! Nimmst das Telefon nicht ab! Umgekehrt hätte ich mir totale Sorgen gemacht!«

Bernhard lässt den Blick an mir, meinem Schlafanzug und den Hausschuhen herabfahren, wendet sich seinem schon wieder klin-gelnden Telefon zu und fragt sich wahrscheinlich, was für eine Irre er da vor langer Zeit zum Standesamt geschleppt hat.

Ich trabe beleidigt ins Bad und denke über diese eheliche Igno-ranz meinem Schicksal gegenüber nach. Beim nächsten Mal bren-ne ich durch, wenn ich einen so sympathischen, gut aussehenden, kultivierten und dazu noch ledigen Mann treffe!

Aber ich kämme mir auf jeden Fall vorher die Haare und ziehe was Ordentliches an.

Ich liebte ihn und ich mochte ihn nicht

Bevor wir die Pressemitteilung zu unserer Trennung heraus-
geben, hatte ich eine befreundete Anwältin angerufen und mit
der Scheidung beauftragt. So was muss ja ordentlich abgewickelt werden. Wie die meisten, die von Bernhards jahrelangen
ehelichen Nebentätigkeiten gehört haben, ist sie nicht überrascht. Sie ist eine sehr erfahrene und patente Familienanwältin
und teilt mir mit, welche Papiere man einreichen muss.

Ich krabbele zu Hause in den winzigen, vollgestopften,
fensterlosen und mit noch nicht ausgepackten Kisten vollge-
stellten Raum im Souterrain, der mal mein Büro werden soll,
aber weder über Internet- oder Mobiltelefon-Empfang noch
über einen Festnetzanschluss verfügt, und suche im staubigen
Chaos alle Unterlagen heraus, die man für so einen Schei-
dungsantrag benötigt – Geburts- und Heiratsurkunden, Ehevertrag, die Trennungsvereinbarung, die schon einmal aufge-
setzt wurde. Ein Gefängnisaufenthalt gilt nämlich nicht als
Trennungszeit – sonst würde vermutlich gleich die Hälfte aller Partnerinnen das Weite suchen.

Aber ich hatte meinen Pilzedieb ja bereits vor über drei
Jahren aus dem Haus komplimentiert, und auch nach ver-
suchter Versöhnung musste er immer wieder Hotels beehren,
da das Zusammenleben nicht mehr funktionierte. Die Ehe
war einfach nicht mehr auf die Spur zu bekommen, zu misstrauisch war ich geworden, zu tief war er in seinen Verdrän-
gungen und Lügen verstrickt und gefangen. Er versichert mir
bei jedem Gespräch, wie sehr er mich liebt und immer geliebt
hat. Dennoch kann er nicht reinen Tisch machen. In Briefen
ins Gefängnis hatte ich ihn vergebens darum gebeten, um ab-
schließen zu können, vielleicht Erlösung zu finden; nur auf
sauberem Grund kann man wieder von vorne anfangen, hat
wieder eine Chance. Doch er verwehrt mir diese Erlösung bis

heute; er möchte einfach alles vergessen. Für ihn ist es längst erledigt. Und für mich hoffentlich bald auch.

***

Das Scheidungsverfahren verlängernde Formalitäten wie Trennungsvereinbarungen oder sonstige Verhandlungen im Vorfeld sind nicht nötig – wir verzichten auf alles. Unterhalt für die Kinder oder mich und ein wie einst im Ehevertrag vereinbarter Beitrag zu meiner Altersvorsorge sind wahrscheinlich reinste Utopie. Bernhard hat angesichts der Summe, zu der er verurteilt wurde, die Gläubiger im Nacken und kann nicht einmal anteilig die Verfahrens- und Anwaltskosten für die Scheidung bezahlen.

So ist es eben. Ich gehe gewissermaßen aus der Ehe hinaus, wie ich hineinging, nur innerlich arg versehrt, mit zwei Kindern und reichlich Erzählstoff für meine zukünftigen Enkel an der Hand. Und mit angeheiratetem Namen – ich behalte den von Bernhard, denn so heißen meine Kinder, und ich trage ihn fast so lange wie meinen Mädchennamen. Bislang war Bernhard der Haupternährer gewesen, wir hatten ein gutes Leben. Nun bin ich an der Reihe und werde es hinbekommen müssen, wenn auch erhebliche Stufen darunter. Bernhard versichert, er würde uns, wenn er kann, nie hängen lassen. Na ja, denke ich – dank ihm hängen wir ja schon ganz schön. Vielleicht besorgt er uns irgendwann eine Leiter. Aber da verlasse ich mich lieber mal nicht drauf.

Ich denke an all die Freundinnen und Bekannten, die von ihren Trennungen und Scheidungen berichteten: anwaltliche Beschimpfungen, Streitereien um jede CD und jedes Kristallglas, gegenseitige Vorwürfe, Rachegedanken, Geschacher um die Kinder, entwürdigende Kämpfe um die kleinste Kleinigkeit, manchmal blanker Hass. Als die Anwältin später sagen wird, unsere sei eine der entspanntesten Ehescheidungen ihrer immerhin fast dreißigjährigen Laufbahn gewesen, weiß ich, was sie meint.

Schneller als erwartet – nach kaum vier Wochen – erhalten wir per Brief einen Scheidungstermin für Oktober. Gottlob hat mir die Anwältin zuvor gesagt, dass Post vom Gericht kommen wird – sonst wäre ich beim Anblick des Absenders wieder hintenüber gekippt, weil ich bei solchen Briefen immer noch in Panik gerate. Meist kommen solche Schreiben ja in anderem Auftrag.

Der Termin ist früh anberaumt – 8.30 Uhr. Hin und wieder rufen Reporter an und fragen mich, wie es denn mit der Scheidung sei. Ich antworte, da stünde noch nichts fest. Ich möchte mich nämlich ganz in Ruhe und ohne Pressebegleitung scheiden lassen. Wahrscheinlich fragt der ein oder andere Reporter im Amtsgericht nach – aber ich wohne ja nicht mehr in Düsseldorf. Daran denkt wahrscheinlich niemand. Jetzt ist Neuss für mich zuständig.

Da ich kein Auto habe, holt Bernhard mich schon vor sieben Uhr früh ab. Er hat sich Sachen aus dem Lager geholt, in das ich die paar Dutzend Kisten mit seinen Habseligkeiten und Kleidung gebracht hatte, und trägt einen dreiteiligen Anzug, darüber einen Lodenmantel und einen Hut. Er sieht aus wie ein Gutsherr.

Draußen ist es noch nicht mal richtig hell. Irgendwie hat Bernhard ständig Panik, zu spät zu kommen. Denn wer im freien Vollzug ist und nicht zum vereinbarten Zeitpunkt wieder in sein Knast-Körbchen zurückkehrt, bekommt Ärger. Das ist ihm in Fleisch und Blut übergegangen. Ich drücke ihm die Leine mit daran hängendem, wild herumhüpfendem Hund in die Hand, damit er noch eine Runde Gassi geht und ich mir in Ruhe die Haare föhnen kann. Man will ja an solch einem Tag nicht aussehen wie Schießbuden-Erna.

Dennoch kommen wir fast eine halbe Stunde zu früh an, überall gibt es freie Parkplätze, kein Mensch ist im Gerichtsgebäude zu sehen, nicht mal unsere Ausweise werden kontrolliert. Die leeren Gänge hallen von unseren Schritten wider, sämtliche Türen sind verschlossen. Gespenstisch. Doch unsere Anwältin steht bereits in schwarzer Robe vor dem Verhandlungszimmer im ersten Stock. Sie kennt Bernhard und freut sich, ihn nach über zwei Jahren wiederzusehen.

Wenig später erscheint auch der Richter, öffnet die Tür, und wir treten ein. Die Anwältin und ich nehmen auf der einen Seite Platz, gegenüber sitzt Bernhard, allein. Der Richter steht vor uns in der Mitte. Er bemerkt vielsagend, dass er den Termin extra so früh angesetzt habe, da er davon ausgehe, dass dies in unserem Interesse sei. Was für ein verständnisvoller Mensch! Ich bin dankbar, dass er so weit gedacht hat.

Er liest den Antrag vor, fragt, ob es Einwände gebe. Dann sagt er: »Bitte erheben Sie sich.«

Diese Aufforderung hat ein anderer Richter zu einer anderen Zeit auch ausgesprochen. Alle im Saal erhoben sich daraufhin, und der Richter verkündete, dass Bernhard für sechs Jahre ins Gefängnis müsse. Nun stehen wir wieder vor einem Richter. Allerdings freiwillig. Zumindest was mich angeht.

Der Moment, in dem man aufstehen muss, weil das offizielle Ende der Ehe verkündet wird, ist furchtbar. Ich kann Bernhard nicht anschauen, sonst müsste ich losheulen. Ich sehe aus den Augenwinkeln, dass er schluckt. Denn woran denkt man in dem Moment, in dem die Scheidung ausgesprochen wird? An den Moment, in dem man das Ehegelöbnis sprach! Natürlich. In Sekundenbruchteilen ziehen die Bilder an einem vorbei. Glückselig strahlend, festlich herausgeputzt, keinen Zweifel und kein Arg im Kopf, das Leben in wunderbarer Zweisamkeit, in Geborgenheit und Liebe und Treue vor einem. Besoffen vor Glück. Und nun steht man vor diesem riesigen Scherbenhaufen, der mal das Leben, die Ehe, Liebe, Familie war.

Nach kaum zehn Minuten ist alles vorbei. Der Richter erläutert, dass die Scheidung in einigen Wochen rechtskräftig werde und man bis dahin Einspruch erheben könne. Bernhard hebt an, um ihm zu erklären, dass er es vermasselt habe und warum seine Frau sich scheiden lasse. So etwas Ungeheuerliches wie die Tatsache, dass man sich von einem männlichen Prachtexemplar wie ihm trennt, kann man ja nicht einfach im Raum stehen lassen. Doch der kluge Mann schneidet ihm höflich das Wort ab: »Das müssen Sie mir nicht erläutern, Herr Krämer.«

Ich weiß nicht, wie ich mich fühle. Es ging alles so schnell, dass es mir fast unwirklich vorkommt. Meine lange abgewägte Entscheidung ist richtig; über drei Jahre habe ich gebraucht, um sie zu fällen. Seit durch meine Entdeckung von Bernhards Affären das kleine Saatkorn in die Erde gelegt war, mein Weltbild ins Wanken geriet und mein Blick auf Bernhard sich ändern musste, gärte es in mir, und viel Arges ist danach geschehen. Bei wie vielen Paaren mag es so aussehen? Wie viele Menschen tragen im Verborgenen solch ein Päckchen? Sind hin- und hergerissen zwischen Zuneigung, Gewohnheit, Enttäuschung, Hoffnung, Pflicht? Wie viele können verzeihen, aber nicht vergessen? Wie viele leben im Kompromiss oder am Rand eines Vulkans, der jederzeit ausbrechen kann?

Liebe kann man nicht einfach abschalten, aber sie trägt nach so vielen Verletzungen nicht mehr, wenn keine Änderung in Sicht ist. Einige von Bernhards Eigenschaften wie immer wieder durchschlagende Respekt- und Rücksichtslosigkeit mochte ich nie, und ich mag sie heute nach allem, was hinter uns liegt, noch viel weniger. Auch das Unvermögen oder die Furcht, sich unangenehmen Tatsachen und Wahrheiten zu stellen, und stattdessen lieber unaufrichtig zu sein und den anderen zu verletzen. Es untergräbt die Achtung. Das, was von der Liebe übrig blieb, nützt da gar nichts. Ein alter Freund aus Wien sagte einmal über seine Exfrau: »Ich liebte sie, aber ich mochte sie nicht.« Heute kann ich den Satz verstehen. Er tut weh.

Der Moment der Scheidung ist schlimm. Dieses Offizielle, Amtliche, fast Feierliche macht einem die Endgültigkeit und Schwere bewusst. Es führt einem das Scheitern noch einmal offiziell und sehr deutlich vor Augen. Hätte ich jemals gedacht, dass das, was vor über 25 Jahren in der Münchner Innenstadt begann und seinen romantischen Höhepunkt vor zwanzig Jahren im Standesamt am Tegernsee fand, so nüchtern endet? Dass der damals so strahlende, erfolgreiche Mann Ende dreißig nun ein rechtskräftig verurteilter Betrüger vor den Trümmern seines Lebenswerks ist? Und dass die damals hübsche, glückliche Endzwanzigerin mit Prädikats-Examina, der die Welt offen stand, mit Anfang fünfzig eine um das Versprechen von Liebe und Treue gebrachte alleinerziehende Mutter ist, die schauen muss, wie sie ihre Familie durchbringt? In meinen kühnsten Träumen hätte ich mir das nicht vorstellen können. Ebenso wenig wie eine Scheidung.

Doch es ist unverrückbare Realität. Mein Traum von der heilen Welt mit Papa-Mama-Kindern ist ausgeträumt. Ich bin wieder allein. Aber es nimmt mir nicht den Mut. Ich blicke auf eine interessante und sehr (lehr-)reiche Vergangenheit zurück. Einerseits fühle ich mich innerlich wund, traurig, amputiert, desillusioniert. Andererseits auch beflügelt, optimistisch, selbstbestimmt und stark. Nun wird ein neues Kapitel im Buch aufgeschlagen, das ich in meinem alten, behüteten, bequemen Leben nicht kennengelernt hätte. Ich trage nun alleine die Verantwortung. Und wir sind alle gesund. Wie die Zukunft aussehen wird, steht in den Sternen, doch ich habe in den letzten Jahren so viel gewuppt – auch das werde ich schaffen. Im Geist krempele ich wieder die Ärmel hoch. Wie so oft, seit Bernhard hinter schwedischen Gardinen sitzt.

Und irgendwie ist mit diesem Elefanten im Porzellanladen alles wie immer – ein Vierteljahrhundert Vertrautheit und Verbundenheit wird nicht durch ein Stück Papier abgeschnitten. Man kennt den Geruch, die Stimme, die Gesten, die Redewendungen, jedes Blinzeln. Und ist genauso amüsiert oder genervt von einigen Charakterzügen wie vorher. Bernhard interessiert sich vor allem für: Bernhard. Und für das, was ihm gehört. Auch in nächster Zeit – das kann ich mir ausmalen – wird er wie bisher seit dem Freigang der Erste sein, der mich morgens anruft, und der Letzte, der es abends tut. Und zwischendurch kontrollieren, wo ich stecke. Ich richte schon mal einen extra Klingelton auf dem Telefon für ihn ein – dann weiß ich, wer anläutet.

Vom Gericht aus fahren wir in eine kleine Bäckerei in meinem Städtchen. Dort steht die fast jeden Kunden persönlich kennende Bäckersfrau noch selbst hinter der Theke, das Angebot ist köstlich, entsprechend lang die Schlange. Bernhard holt sich ein üppig garniertes Salami-Brötchen, für mich bringt er ein knuspriges Schoko-Croissant, dazu zwei Milchkaffee. Er ist ungewöhnlich zuvorkommend. Wer uns da einträchtig auf einer Bank am Holztisch sitzen sieht, hungrig Gebäck kauend und zueinander gewandt plaudernd, kommt im Leben nicht auf den Gedanken, dass hier ein frisch geschiedenes Paar sitzt.

Mein nagelneuer Exmann hebt an und erklärt mir, dass ich ihm doch jetzt echt mal alles nachsehen könnte, schließlich habe Hillary ihrem Bill seinerzeit diese Sache mit der Praktikantin auch verziehen. Ich schaue ihn ungläubig an. Habe ich da richtig gehört? Ich atme tief durch und verdrehe die Augen. »Ähm, Bernhard?«, antworte ich. »Du weißt schon, dass dieser Bill damals Präsident der Vereinigten Staaten von Amerika war und sie seine First Lady? Und dass es ihn sein politisches Amt und die Wiederwahl gekostet hätte, wenn sie nicht zu ihm gestanden hätte? Ist das nicht eine ein klitzekleines Bisschen andere – sagen wir – staatspolitisch zu betrachtende Situation?« Aber Bernhard findet das nicht. Er tut es halt nicht unter dem mächtigsten Mann der Welt.

Dann zeigt er mir demonstrativ seine linke Hand und deutet auf den Ringfinger: »Den Ehering ziehe ich nicht aus«, sagt er fast trotzig und grinst dazu wie ein frecher Bube, der nicht so schnell aufgibt. Und der sich sicher ist, dass mit einem Fingerschnippen gleich Dutzende von weiblichen Wesen vor seiner Tür Schlange stehen. Falls sie den Weg zur JVA finden. Und auf finanzielle Zuwendungen verzichten.

Abends stehe ich nach dem Abschminken und Zähneputzen vor dem Badezimmerspiegel und schaue mich an. Jede Frau, die die längere Hälfte ihres Lebens hinter sich hat, kennt diesen Blick: Er ist höchst genau, kritisch und überaus erstaunt, wo all die Jahre und der jugendliche Glanz so unfassbar schnell hin sind.

Was haben die letzten drei schlimmen Jahre mit mir gemacht? Rein äußerlich ein paar Kilo weniger, dafür ein paar Falten und graue Haare mehr. Aber die hätte ich sowieso bekommen, nur unter angenehmeren Bedingungen und etwas langsamer. Die beiden Tiefschläge in meinem Leben erwischten mich im Abstand von exakt einem Jahr: Der eine kam von innen. Ich fand heraus, dass mein Ehemann mich viele Jahre hintergangen hat. Der andere kam von außen: Mein Mann wurde ein Jahr später angezeigt und verhaftet, denn er hatte auch einen Kunden betrogen und damit unsere bisherige Existenz gesprengt. Vielleicht hätte ich diese zweite Krise nicht überstanden, wenn ich emotional nicht schon die erste durchgemacht hätte?

Ich habe viele Federn gelassen, aber im Tausch kein dickeres Fell bekommen. Im Gegenteil. Dünnhäutiger wird man; empfindlicher, misstrauischer, verletzlicher. Einerseits. Dafür ist mir etwas anderes gewachsen. Stärke, Selbstständigkeit, ungeahnte Energiereserven. Eine große Portion Realismus. Und die Gewissheit, dass es trotz aller Tiefschläge immer weitergeht. Dass man aufstehen muss, um nach vorne schauen zu können. Denn wenn man resigniert, aufgibt und liegen bleibt, sieht man entweder den schmutzigen Boden oder den unerreichbar fernen Himmel – beides keine verlockenden Optionen. Doch wenn man steht, kann man Boden und Himmel im Blick behalten und weitergehen. Und seine Mitte finden.

Dann passiert etwas sehr Merkwürdiges, ein Automatismus, den ich gar nicht steuern kann. Ich lache mich strahlend an und recke die Faust hoch. »Ja!«, rufe ich meinem Spiegelbild zu. »Ja!«

***

P.S. Morgen ist Samstag. Und Silvester. Ich bin bei Freunden eingeladen. Doch seit gestern hat der Hund nichts mehr fressen wollen, nun liegt er schlapp in der Ecke, kann kaum noch aufstehen, schleppt sich mit steifen Beinen durch die Wohnung. Ich fürchte, dass das arme Tier das Jahr 2017 nicht mehr erleben wird, wuchte ächzend das 20-Kilo-Paket auf meinen Arm, trage es ins Auto und fahre zum Tierarzt. Zwei Stunden später ist zumindest klar, dass er überlebt, ich Silvester jedoch nirgendwo anders als auf der heimischen Couch mit einem halb sedierten Vierbeiner verbringen werde. In der Minute ruft Bernhard an und röchelt in den Hörer, er sei krank, gaaaanz allein müsse er nun in seiner Zelle vegetieren, wo er doch Freigang hätte. Ach, was sei das alles traurig. Au Mann. Da tut er mir doch sehr leid, das kann ich mir nun

auch schlecht anhören. So soll das alte Jahr nicht für ihn en-
den – es soll für uns beide nach all der gemeinsamen Zeit und
den vielen schweren letzten Monaten ein friedlicher, optimis-
tischer Start in das neue Jahr werden. Ich habe eine Idee:
»Also gut – dann komm einfach morgen zu mir, ich koche
uns was; ich kann wegen Dexter auch nicht weg.«

So kommt es, dass ich mit zwei siechen »Rüden« feiern
werde und Silvester mit einem Sträfling auf Freigang verbringe, der zwei Jahrzehnte lang mein Ehegatte war. Schon nach
einer halben Stunde bringt er mich mal wieder aus der Fas-
sung: Er steht in der Küche und schnippelt Hühnchen und
Gemüse – Bernhard bearbeitet Möhren, Lauchzwiebeln, Pa-
prika! Noch nie in 25 Jahren habe ich ihn auch nur in der Nähe von Brettchen und Messern gesehen, geschweige denn bei
deren Benutzung zwecks Nahrungszubereitung! Als er auch
noch den Tisch deckt, frage ich mich, ob er irgendwelche
Drogen gegen seine Krankheit bekommen hat. »Nein, das
lernt man im Knast«, sagt Bernhard grinsend, »da muss man
immer aufräumen und sauber machen.« Kann man ihn nun
etwa doch effizient im Haushalt einsetzen, wie ich einst ge-
hofft hatte?

Es wird dann ein entspannter Abend – zu zweit und ohne
Publikum für Bernhard verstehen wir uns meist gut. Sowohl
der Mensch als auch der Hund gesunden zudem erstaunlich
schnell. Schon Mitternacht, als die Nachbarn von oben mit
Hundedame Lilly auf ein Gläschen zum Anstoßen und Plaudern vorbeikommen, sind beide wieder sehr munter.

Ich gehe noch einmal mit Dexter Gassi, er kann wieder
laufen. Als ich in mein Heim zurückkehre, fällt mir die Kinnlade runter. Der Tisch ist abgeräumt, das Geschirr gespült,
die Arbeitsplatte tadellos sauber, die ganze Küche ist blitz-
blank. Inmitten dieses Wunders steht Bernhard und wedelt
stolz strahlend mit einem Küchentuch.

Ich brauche zwei Tage, um mich von dem Schock zu erholen.

Als Bernhards Mutter Suse vor einigen Jahren verstorben ist, hatten wir über die Todesanzeige schreiben lassen:
»Du hast uns immer wieder überrascht.«
Falls Bernhard vor mir sterben sollte, hätte ich da eine Idee …

Bibliografische Information der Deutschen Nationalbibliothek
Die Deutsche Nationalbibliothek verzeichnet diese Publikation in der
Deutschen Nationalbibliografie; detaillierte bibliografische Daten sind
im Internet über http://dnb.d-nb.de abrufbar.

© 2017 Droste Verlag GmbH, Düsseldorf

Herausgegeben von Mechthild Tembusch-Droste, Düsseldorf
Umschlaggestaltung: Droste Verlag unter Verwendung eines Fotos von
Thomas Rabsch
Satz: Droste Verlag
Druck und Bindung: CPI – books GmbH, Leck
ISBN 978-3-7700-2030-0

www.drosteverlag.de

Dorothee Achenbach schreibt über:

Liebe und Betrug
Kunst und Geld
Verrat und Enttäuschung
Gier und Milliarden
Verlust und Einsamkeit
Freundschaft, Mut und Hoffnung
… und die Kraft des Humors

224 Seiten | ISBN 978-3-7700-1578-8 | 16,99 Euro

PRESSESTIMMEN

»Ein trauriges und gleichzeitig sehr lustig
geschriebenes Buch einer Frau,
die um die Existenz ihrer Familie kämpft.«
PEOPLE MAGAZIN

***

»… charmant, mit leichtem Humor,
aber mit bitterbösem Unterton.«
WZ

***

»Schonungslos offen, mit ebenso viel Ernsthaftigkeit
wie Humor, zieht Dorothee Achenbach Bilanz«
EXPRESS

***

»… ein recht intimer Blick.«
DIE WELT

Glamouröse Feste, roter Teppich, prominente Freunde,
ein erfüllender Beruf und ein sorgenfreies Leben.
Dann Gefängnis, Gerichtsvollzieher, Insolvenz,
Verzweiflung und der Verlust aller Sicherheit
und Privatsphäre.

Dorothee Achenbach erlebt den Fall aus den höchsten
Kreisen der Gesellschaft in die Tiefen von Strafverfolgung,
reißerischen Schlagzeilen und existenziellem Kampf.
Mit viel Humor zieht die Ehefrau des wegen
Betrugs verurteilten Kunstberaters Helge Achenbach
nach einem Jahr Bilanz: angefangen mit der
Verhaftung ihres Mannes bis hin zur Versteigerung des
Kunstlagers, das von fast 40 Jahren Leben mit
der Kunst zeugte. In schonungsloser Offenheit und
mit satirischen Spitzen beschreibt sie ihre
ganz persönlichen Erlebnisse in diesem
Karussell aus Gier, Betrug, Enttäuschung, Liebe,
Hass, Verrat und Freundschaft.

Sie bindet zahlreiche Brief-Zitate ihres Mannes ein,
der zur gleichen Zeit im Knast in einer Parallelwelt lebt,
in denen er im tristen Alltag von Schuld und Reue
schreibt, aber auch von einer gemeinsamen Zeit
wieder in Freiheit träumt.

Jetzt überall erhältlich